# 看不見世界的夢想

## 首位盲人社長用歌聲傳愛的影響力旅程

### 作者◎林信宏

夢想的秘訣
林信宏 Cliff Lin
THE SECRET OF DREAMS

50 歲獨立發行「夢想的秘訣」專輯

原本以為我是全世界
最可憐最沒用的人
沒有視力 沒有學歷
做甚麼事
我都沒有能力

直到我成為那個
願意伸出雙手
扶人一把的人

我才知道
其實
我擁有很多

我非常富足

從福州來的阿公

父親（18歲）母（23歲）結婚照

小老闆父親

3

阿宏週歲

父親的西服裁剪功夫很好

媽媽＆阿宏＆大弟，
小弟在肚子裡。

從小穿西裝的兄弟

阿宏小時生活在西服店

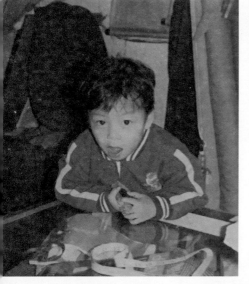

阿嬤與四兄弟妹，信宏國中。
當時家中經濟已經越來越差了。

5

考上復興高中

17 歲生日

復興高中同學，信宏在最右邊。

二十歲確診隔代
遺傳視網膜病變

阿宏與小弟阿廷，
有共同的遺傳。

阿麗擔任盲棒志工一同
出國參加盲棒世界盃

世界盃盲人棒球賽獎盃

《盲人打棒球》
一書中寫信宏
為～盲棒界的
超級巨星

愛情長跑
10 年後結婚

擔任台灣第一支
盲棒隊蝙蝠隊隊長

參加全國身心障礙
運動會 100 公尺比賽

參加全國身心障礙
運動會跳遠比賽

9

中○郎卡拉ＯＫ晚會
主辦　龍山區民眾服務分社　龍山區　後備軍人協辦　中視新城禮服　台興山產行
單位　救國團龍山區團委會　　　　輔導中心　單位　亞洲毒蛇研究所

優勝

17歲第一次
參加歌唱比賽
得到第四名

28歲時為唱片拍的宣傳照，沒有問世。

102年在西門町電影街開啟街藝人生

經典歌曲的傳唱引起許多年長者的共鳴

11

舞蹈也曾經是信宏的舞台

106 年首場圓夢演
場會在台北中山堂

97 年創業 宏 18 Home Spa 按摩芳療館

黑暗對話社會企業總培訓師

111 年 Dreamer 社長就職公益演唱會

旭東網路扶輪社服務計畫之一
──傳愛到花東（偏鄉藝術陪伴）

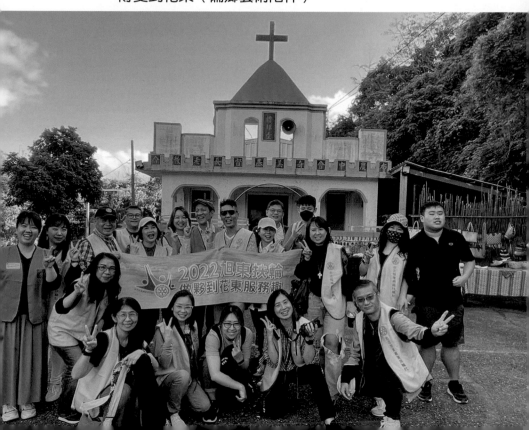

110 年開始挑戰 50 公里
超級馬拉松

陪跑教練帶領
挑戰超級馬拉松

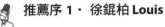

# 盲人社長以歌聲傳愛
# 想像扶輪 體現 DEI

太陽光灑落大地帶來光亮與溫暖，然而陽光經過的浩瀚太空卻是一片黑暗、寒冷，如果沒有灰塵、水蒸氣的阻擋與反射我們是無法看見光的，海水必須碰撞到岩石才能激起美麗的浪花。我們都希望一生平平順順的，但沒有磨難很難成就精彩的人生。當災難成為歷史，痛苦就化作冠冕。

拜讀信宏的書，從小時候的遭遇開始，娓娓道來，非常吸引我。來自福州的祖父成功創業，在能幹的基隆籍祖母的輔佐下達到事業高峰，這就是先民渡海來台的典範。為了維繫香火寵溺兒子（信宏的爸爸），使得缺乏訓練無法接續事業的傳承，誠所謂創業維艱，守成不易，致使家道中落。

信宏的父親，脾氣暴躁，雖然愛他的兒子，但不擅表達，溝通，使得信宏小時候就在爸爸嚴厲的外表下度過了不太愉快的童年。最慘的還在後面，在家人的疏忽下，信宏的眼睛慢慢退化，視力漸漸模糊，最終全盲，對學業

造成極大的影響，中斷學業，無法當兵，只能勉強當個工友。即將結婚的女友，逃婚了，有誰願意把女兒嫁給他呢？重重的一擊似乎要徹底的擊潰信宏，看來一輩子就必須可憐兮兮，庸庸碌碌，唉聲嘆氣的度過了。

27歲，透過朋友提醒，加入了伊甸基金會，讓信宏的人生開始發生重大的變化，原來，這世界上不只有他和弟弟是盲人，還有更多的盲人及其他身障者在我們的社會，相對其他身障者，信宏其實是幸運者。加入這團體，他認為他的存在變得很有價值，從一個自怨自艾的盲人變成一個能幫助他人的強者，特別提到陳明伶小姐的堅毅奮鬥，嚴重的身體障礙仍然樂觀進取的過好每一天，陳明伶小姐短暫的人生卻真正的激勵了信宏──「這輩子我不再會輕易的被挫折打倒，甚麼失敗打擊和傷害，對我來說都變成小菜一碟。」

有了正確的人生觀，願意去接納不同的意見，幫助更弱勢的人，以前所有的挫折都變成了邁向成功的階梯，任何人不論是關心他，幫助他，啟發他或透過言語羞辱他，刺激他，通通都成為了他的貴人。感謝逃婚的那個她，讓後來的信宏更成熟，更能成為一個負責任的男人，築起幸福婚姻的堡壘。

過往的艱辛歲月是滋養今天的養分，信宏的經歷值得所有人的參考，學習，我們要感恩，感恩所有給我們幸福的人，也要感恩讓我們受到磨難的人、事、物，讓我們能更堅強的面對人生的挑戰！

　　信宏也加入扶輪社，擔任 22-23 年度台北旭東扶輪社社長，一如他的扶輪暱稱「Dreamer」（夢想家）正是「想像扶輪」的最佳行動代言人，也以盲人社長身分體現了國際扶輪倡議的 DEI（多元｜平等｜包容）承諾聲明。感謝他積極參加各種公益活動，以他專業音樂人演唱，陽光正面的形象激勵每一個人！

國際扶輪 3482 地區

2022-23 年度

地區總監 徐錕柏 DG Louis

# 「聲」動奔放，鼓舞人群，行善天下！

　　林信宏先生的幼年時期確實過得很無奈，看到的多是負面的現象，更嚴重的是眼睛漸漸退化，終致失明，高中沒有畢業，只能做個最基層的工友，前途茫茫。成長時代，沒有能力，沒有視力，因為自卑，先給自己貼標籤，也給別人貼標籤。當心中有鬼，就總以為別人的一舉一動都在嘲弄你、排擠你。

　　當你覺得人生很慘的時候，以為再不可能更慘了。但其實，只要心態不改，就還是可能發生更慘的事。你事業出狀況了，很慘。你健康亮紅燈了，很慘。

　　有幸加入伊甸基金會，感恩他朋友的一席話，把他拉回了現實人生。不該眼盲，連心也盲了。而他也真的開始去接觸包含伊甸等機構，並且很驚訝地發現：我開啟了一道通往新世界的門，那兒其實多采多姿，有很多我從前想都想不到的新選擇。

　　這改變了林信宏的一生，原本自己以為是全世界最可憐最沒用的人，做甚麼事都沒有能力，直到他成為那個願意伸出雙手扶人一把的人，他才知道其實他擁有很多，因此找回自信，肯定自己。是人生必須體悟，攸關你一生幸

福的課題。

　　他成為一個樂於助人，樂於學習的人。甚至他認為，如果不是因為失明，若是身為正常人的我，搞不好就只會當個沒有抱負、得過且過直到終老的人。他的存在變得很有價值，並且我開始有了榮譽心與責任感，原來幫助別人，那種不計較名利、純然付出也不求回報的感覺，真好。

　　他在伊甸基金會遇到許多嚴重身障的朋友，都能樂觀勇敢的活著並樂於助人，這激勵到信宏，這輩子我再不會輕易被挫折打倒，甚麼失敗打擊傷害，對信宏來說都變成小菜一碟。

　　而感恩那個「她」讓後來的信宏變成熟了，也是因為這樣，他和妻子阿麗可以建築幸福的婚姻堡壘。信宏的人生真的彷彿從 27 歲那年劃了一條截然分明的線條，過往的歲月是滋養今天的養分。

　　加入扶輪，改變人生，信宏擔任今年的台北旭東網路扶輪社社長，今年國際扶輪的口號是「想像扶輪」，扶輪充滿想像，想像 27 歲前的信宏，想像 27 歲後的信宏，信宏以專業音樂家的熱情奔放，鼓舞人群，行善天下！

國際扶輪理事提名人

林鑾鳳 RIDN Naomi

# 看那「黑暗演說家」 勇於追夢的恆毅力

2016年2月是我第一次看見信宏，他是我們的Coach，他正在用生動有趣及反思的話帶領我們這群台下的學員來探索自我，進而找到改變自己的動力。當時我是在黑暗對話的主題工作坊公開班。我看到一個熱情、帥氣又瀟灑的男人，老天爺給了他所有的天賦但是卻剝奪了他的視力，心中有無限的感慨。三個月後我接受了黑暗對話的邀請，與所有的培訓師及工作同仁共同為這個有價值的組織一起打拼。

信宏一直是一位樂觀、正向並且積極參與的領導者，每次在課程結束後你就會看到有一位身體前傾、專心聆聽並且穿著時尚的總培訓師——為參與工作的培訓師們提供量身訂做的專業建議，同時你會很訝異的看到這位視障者總是帶著微笑用對方聽得懂的話語且極有耐心的示範與教導他的同仁。「林媽媽」這個暱稱就在培訓師這個群組中傳開，「我跟你講啊」是他的起手式，並且它的服務範圍不限公事，舉凡身體健康、心理衛生與感情交友等通通包含。

一位視障者看不到自己與外在但卻如此在意自己呈現

在世界的形象。

2018 年信宏在上高鐵的路上不慎將手機跌落導致整個面板裂開，我當時開玩笑的跟他說反正你也看不到，且手機上面有保護膜不影響你滑手機，我們就省一點不要花這錢。他很認真的告訴我，我不要我的朋友看到時（明眼人）為我擔憂，我要讓大家看到視障者是美麗又完善的樣子，這份的同理心正是黑暗對話核心的價值，更是一個領導者對自我要求以身作則的具體表現。

2020 年 covid-19 肆虐，我們也遭遇到無情的打擊，幾乎所有的業務都停擺下來。反觀信宏他沒有因為這個疫情而停滯下來，依然滿懷著樂觀面對未來，更加賣力的鍛鍊身體，於是我們一起合作開創了「黑暗演說家」這個新的線上課程，更由他來主講「恆毅力」這個主題並且獲得企業界熱烈的迴響。為什麼他擁有如此強大的心智？當時心中除了佩服也有些些的疑惑，但這一次讀完這本書後我才豁然貫通，經歷所有的挑戰與挫折後，當坦然面對我們終將從黑暗中看見光明。

最後我要跟信宏說：謝謝你無私的付出，看到你勇於提攜後進，棄而不捨的面對各項挑戰。你是勇者，是夢想家，一位唱著歌向前邁進的夢想家。

You can do it!

黑暗對話社會企業總經理 扈文傑

# 暗中精彩的夢想實現家

　　信宏是位了不起的英雄，更是一位夢想的實現家，看不見這個世界，卻一直在點綴這個世界，讓更多的人看見夢想的力量，透過演講、發行 CD、現在更出版了這本書籍《看不見世界 看見夢想》，真的是太精彩了，就像是信宏走過的每一步，都成為這本書的每一個篇章，寫下精彩。

　　活著——就是為了實現夢想，夢想等於目標＋時間×決心，在這本書籍裡面，我們看到信宏把夢想轉化成為目標，在每個階段接受挑戰實現夢想，這本書籍會帶給你力量，會讓人們看到希望，是所有有夢想並且渴望實現的人，必拜讀的一本寶典，如果有一本書是今年對於你要實現夢想最有幫助，就是這一本。

　　身為你的教練、師父、家人，深深以你為榮～

佳興成長營創辦人 黃佳興

# 貴人＋觀念＝一手爛牌打成了一手好牌

是否出生不是人生勝利組，這一生就注定庸庸碌碌？
是否身體殘障，這一生就注定低人一等？

我第一次見到信宏時，看到的是一個高高帥帥，戴著
太陽眼鏡，穿著鮮豔亮麗，臉上掛著燦爛陽光的年輕人。
不聽人講，根本不知道他是個視障的人。

看了他寫的書，才知道他的前半生有這麼多的欠缺
與不如意，家裡家道中落，父親的管教問題，由於視力
問題造成的學習障礙，肩負全家期望的他卻遭到留級的
命運……

除了先天不足，他的運氣也不好，他曾認為自己是全
天下最可憐的人，是個「無路用」的人，你可能不得不
同意。

但就是這樣的人，他有「貴人」相助，再加上他的
「觀念」，他把一手爛牌打成了一手好牌。

信宏的故事絕對是勵志的，也是非常精彩的。這本書會讓你一路讀下去，欲罷不能，讓你訝異感嘆。我一輩子鼓勵人們創業，並且致力於培訓工作，尤重觀念與想法，因為觀念想法遠遠重於能力。我歸納信宏能有今天，有以下幾個至關重要的想法：

第一，要學會「轉念」的力量。你可以自怨自艾，怨天尤人，消極頹廢，也可以接受自己的不幸，面對自己的不足，透過不斷的進取學習，獲得能力，勇敢追夢。

第二，摒棄所有的「框架」。誰說視障者不能從事體育活動，甚至比賽？誰說視障者不能成立舞團？誰說視障者不能藉投資理財致富？誰說視障者不能做扶輪社長？…事在人為，信宏都證明給我們看了。

第三，要勇敢地踏出「舒適圈」。你是要卑微地活著，還是抓住機會，與命運一搏？當你踏出去，發現世界變寬，朋友變多，生命變充實，所有別人得到的，甚至沒得到的，你也能得到。就算結果沒有你想像中那麼好，至少你學到了人生難得的經驗。

第四，我們不必只做「手心向上」的人，我們可以做「手心向下」的人。我們就算能力卑微，還是有我們能夠

幫助的人。藉著助人，我們可以活出精彩，讓生命發光發熱。聖經裡說，「你手若有行善的力量，不可推辭，就當向那應得的人施行。(箴 3:27）」

　　祝福信宏的這本書，能把他的人生智慧分享給許多朋友，給人們帶來勇氣、希望，給社會帶來正能量，讓世界更美好！

安麗創辦人皇冠大使
中華寰宇公益協會創辦人
王儷凱

# 「看不見的」影響力

2017年第四季，我參與籌備信宏的人生首場演唱會，被他喻為「神救援」，100天嗡嗡嗡的任務，「我們可以做些什麼讓這事變得更好與不一樣」。

**「不只是場單純的人生首場演唱會，還要有延續性持續下鄉音樂傳愛給銀髮長輩，帶出影響力」** 拉出願景，熱情就出來，當「作品」的內在驅動引導我向標竿直奔。

信宏在成為盲人後，曾經跳現代和踢踏舞、打盲棒、跑馬拉松、主持按摩事業、擔任跨國社企公司總培訓師、還會唱歌、吹薩克斯風、主持帶動氣氛……

「不賣悲情，活出正能量，活得精采，傳達正向力量」我們的價值觀與理念契合。

### ◈ 巨豪實業林董 知音領受 傳愛到企業

**「我覺得我把他們（這群正能量的視障歌手）帶到對的地方，給一群有感動，有溫度的人聽到，就是我的責任。」** 那一夜我在巨豪實業家庭日當晚演唱會中場的感動宣言。

就在週末夜（2018/8/18）那一晚的全球首場企業家庭日——愛就是光傳愛演唱會「我們可以為這群充滿正能量

的視障歌手和巡演傳愛計畫作些什麼？」巨豪實業董事長Sherry 的拋磚引玉，觸動【把愛傳出去】力量，匯集第一筆「相信經典傳愛基金」，繼續傳愛旅程。

## ◈ 經典相逢 從這城到那鄉首發場：師大社區

【從這城到那鄉音樂傳愛計畫】全球首場啟程（2018/11/03），經歷一個「三意」──有意義／有差異／充滿回憶 的感恩節經典傳愛之夜，相逢就在多適合老歌場的師大古蹟禮堂。

「一切的到來我相信都不是偶然；日期、場地、在地里長（龍泉里）與師大的連結，資源的匯聚、贊助天使的成全和社區居民與觀眾的期待……上帝有祂的美意！」

## ◈ 扶輪為視障樂團 打開機會的故事 激發愛的火花

2020 年 1 月信宏發行了人生首張 CD ─夢想的秘訣。他一直期待規劃一場超過千人的演出，早在 2019 年就和新北市勞工局溝通取得了 2020/8/15 這天，一個給身障者免費演出的場地─新北市政府多功能演藝廳（1408 座位），期待規劃一場大型演出，但是當年農曆年起就遇到新冠肺炎，大型集會與藝文活動全部停擺，直到 6 月才有轉機。

這時離預計演出日已經剩不到三個月了，「要舉辦

這麼大的場，時間又那麼趕，到底辦或不辦，大辦或小辦……」這期間（2020 年 2 月）信宏也獲邀加入了台北旭東網路扶輪社成為社友，在幾個月參與，他慢慢了解扶輪「進來學習 出去服務」的精神，心想「如果有機會和扶輪結合呢？」

時任國際扶輪 3482 地區總監陳景浪表示，他明白也感覺這是難得為視障音樂人圓夢的大好機會，他說：「很趕，但愛要及時！心感動，我決定行動」後來就有了「Color（陳景浪的扶輪暱稱）Can Help」、「Rotary can Help」的扶輪人採取行動的即刻救援故事。

「愛就是光 打開機會 扶輪經典傳愛公益演唱會」（2020/8/15），這場是六月初解封後，新北市首場千人大型演場會，新北市府攜手國際扶輪 3482 地區用不到一個月的籌備時間，防疫之餘，也不忘相挺身障朋友，一起用行動來支持視障音樂人。

這幾場演唱會我都擔綱「執行長」角色，攜手團隊成功完成任務。

2022-23 年度迎來全球首位盲人社長，信宏（扶輪暱稱 Dreamer）在一上任就以一場「想像扶輪 經典傳愛 看見傳奇演唱會」（2022/07/02）成功開局，用他的職業服務（歌手）創造社區服務的平台，除了賣出滿場的票，聆賞多首動人經典歌曲，現場也舉辦旭東扶輪長期支持的文特「天使藝術家畫展」和相關社福團體與 ESG 特展，運用演

唱會的盈餘 20 幾萬扶持年度的服務計畫（天使藝術家｜黑暗學院培訓｜葡萄樹偏鄉藝術陪伴）。

有膽識有謀略，堅持守紀律，帶頭前進的領導人特質，以願意和能力擔當，戮力服務人群，信宏以身作則，「三出」──出席、出力、出錢，領著社友參與有益有趣的持恆行動。

信宏在社長卸任前夕，出版這本《看不見世界 看見夢想：首位盲人社長「用歌聲傳愛」的影響力旅程》，是獻給扶輪｜台灣｜世界 最好的禮物。邀請大家見證一位不被挫折難關打倒的夢想家正能量作品，有你有我，咱們攏是信宏的好朋友，按讚、訂購，分享，讓愛遠傳。

我以身為他的好友和創社社長為榮，夢想閃耀！旭東之光！

這股「看不見的」影響力悄悄的蔓延中……

台北旭東網路扶輪社 創社社長
公益傳播推手｜台灣公益新聞網總編輯
簡郁峯

出版序 · 林玫妗

# 用歌聲傳愛的影響力旅程

他雖看不見鼓勵著自己的每張容顏，卻聽得見熱情關懷的掌聲。

他面對生活的苦難，當成滋養的土壤，認真地成為實踐傳愛的種苗。

人生最美好的禮物是對幸福的追求沒有失去希望；

人生最珍貴的收穫是在困境與絕望中還有勇氣盼望。

生命給他太多的試煉，但他沒有躲在暗室中啜泣，盤距內心火熱的執念，非做不可的決心，卻讓他在黑暗中看見光。

那是來自內心對生命的願景和感染力，貧窮、剝奪、打擊、失敗、限制，沒有讓他退縮，他的堅忍與面對，在對現實的臣服之後，他從隧道中走出自己的新生命，他燃燒自己成為光和熱。

他是視障歌手，他是夢想家，他也是實踐家，他是——林信宏（Dreamer）。

上天留給他告訴全世界夢想的秘訣，讓他「**以歌詠志原來精彩來自於一路走來不斷博弈的歸納**」勵志中的無

奈和勇氣，無情的碰撞再躍起，當有依靠時是幸福，失去依靠當成長，等到沒有甚麼可以失去時，他只能讓自己更強大。

從身障舞團、盲人路跑、按摩代言、盲人棒球，到學習放下才是智慧後的蛻變。2013開始了街藝人生，成立相信經典樂團，成為暗黑培訓教練，**他化所有的不可能成為可能。您可看到信宏用生命在努力？**

他用歌聲傳愛，即使黑暗也能聽見光……

暗中精彩演唱，暗中音樂會，暗中對話，讓更多視盲者**看見可能**，讓更多明眼人**看到勇氣**，用愛傳唱，把愛從都會傳到社區、原野……

讓我們都**相信經典**，相信愛會是光，可以藉歌聲傳唱一首首動人心弦的生命故事，在艱辛波瀾中壯大成氣勢磅薄的交響樂。


漂流在墨西灣打魚的古巴老人桑迪亞哥海明威說：

**「人不是生來就要被打敗的，人可以被毀滅，但不能被打敗」**

我沒見過海明威，已經深深被故事震攝。

但在信宏黑眼鏡的後面，看見他對生命不屈服的韌性，以及他的人生閃耀晶亮美麗的內在光華。**「壓傷的蘆葦，他不折斷」**聖經馬太福音中的一句經文，正是他最傳神的寫照，這樣的信宏將讓您更動容。

信宏是忍受巨大的煎熬，才實現當今的理想，書的出版就又是一個創舉——「首位扶輪盲人社長」出書了。

　　更令人感動的是一直在身邊的太太，默默成為信宏眼睛的 Cloe 傅麗，一直是他最堅強的影子。無怨無悔地陪伴和支持，書的完成她承擔了所有的後端校對，修改整理的工作。

　　CP Charles 簡郁峯是推動這本書最重要的推手，從策劃參與、市場行銷、預售推動，對信宏無微不至的關心，總是給予中肯而實際的建議，他是信宏生命中重要的貴人，更值得尊敬。

　　感謝信宏又再創建一次的奇蹟和唯一。

　　把生命的淬鍊與內心的對頻，如何為自己尋找定義，讓時間穿透空間的凝視力，激盪出愛與善的共振。塑造夢想的實現，用行動來證明，人生真的有無限可能。

　　信宏是讓付出者收穫的實踐行動家，出一本自己的書，讓我們以掌聲來期待他新書的問世，能出版此書為信宏努力的過程做見證，我深以為榮！

出版總策畫 時兆創新—時傳媒文化事業體

創辦人 林玟妗

## 自序

# 將感謝化為力量，讓愛傳出去！
# 把夢找回來！

「接納自己的缺點，就能找到人生的亮點」

是否你曾經和我一樣，認為成功只是屬於少數人的權利！而夢想，更是虛無縹緲的不切實際！

畢竟我們都不是條件好、背景好、能力好、運氣好的人呢！

寫這本書，真的只想告訴讀者們，當你接納自己的缺點，一定會找到屬於你的亮點！

只要你的夢想還在，一定做得到！

有人說，人生如戲，戲如人生。而我扮演林信宏這個角色，至今已經過去了將近 54 個年頭！

而這齣戲的上半場，我只能扮演窮困潦倒、可憐卑微、落魄失敗，要多慘就有多慘的角色。

而27歲之後的下半場，則是扮演自信陽光、屢敗屢戰、勇於追夢，人生想要多美好就有多美好的角色！

這是一種巧合，還是一種必然呢？

我想，這絕對不是上天特別要跟我開玩笑，也不會是上天好心想要給我一些彌補，而是取決於我們何時能夠察覺到大多數人所設下的陷阱與圈套！

在 27 歲以前，我活在家庭、社會所為我寫下的劇本裡。因為家裡窮，因為學歷低，因為眼睛差，所以我就只能認命、壓抑、茫然的過著每一天！

當我開始把焦點放在所有我想要的事物上，我居然慢慢變成可以自己寫劇本的導演囉！

即使我看不見，我仍然可以打棒球、跳舞、跑馬拉松、划獨木舟，成為培訓講師，成為發片歌手，成為首位盲人社長！

甚至在未來的人生中，我要用歌聲傳愛到台灣各地與全世界！

各位讀者們，你們即將見證並參與這段奇妙的影響力旅程。追求夢想的過程，真的很辛苦，但請相信我，沒有夢想的人生才是真正的黑暗！

最後，我要謝謝在我生命中出現的每一個你。因為你們都是我生命中的天使。這些天使們實在太多太多！實在無法依依列出大家的姓名。

我會將所有的感謝化為力量，讓愛傳出去！把夢找回來！

# 目 錄・CONTENT

# 光明中的黑暗

## 夜來香

## 夢想的秘訣

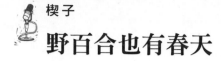

## 楔子
# 野百合也有春天

彷彿如同一場夢
我們如此短暫相逢

　　曾經在那個我還看得到萬事萬物輪廓的年代，我和好友們在陽光下唱著歌。那時青春正盛，未來的一切黑暗與糾葛都尚未到來。

　　那正是所謂無憂無慮的十七歲，歌唱夢想初次孕育的似水華年。

　　我的學校在北投大屯山邊，環抱山嶺周邊都是好風好景，上課的時候，柔柔的風從開啟的窗櫺吹進教室，心綿綿軟軟的，適合寫詩。但還有更好的選擇：不如，我們唱歌吧！

　　啟蒙我唱歌習慣的人，不是哪個老師，而是那時坐在我正前方的同班同學。他名字就叫陳啟迪，日後想來這姓名還真是很有寓意。

　　他是個樂天開朗的男孩，每到下課時都會愉悅地哼唱著歌。而個性害羞的我，覺得這個同學怎麼那麼自信，有著少年郎的瀟灑自適，於是，我跟他說：「你唱的歌很好聽耶！可以教我唱嗎？」

「好啊！我教你唱！」

他教我的第一首歌，就是《野百合也有春天》。

三十年多後，這成為相信經典樂團首次發行專輯的第一首歌。

每當我彈起吉他唱起這首歌，就回想起那些個清純無憂的午後。

那時包含我和陳啟迪，我們有四個要好的同學，兩男兩女下課後一起搭車回台北。從北投要去繁華市中心有段距離，我們在車上興奮地聊著天，也不知談到甚麼，然後女孩子就掩著嘴笑得呵呵呵。

女孩們知道我們兩個男生喜歡唱歌，就做了個約定：「你們兩個，每天都要唱一首歌給我們聽，並且每天都要不同的歌喔！」

好啊！每天唱一首歌。於是我們每天就會練習一首歌，放學路上就來唱。我會催著陳啟迪，趕快趕快，今天要教我哪首歌？心情是雀躍的，想唱歌的時候世界是沒有任何煩惱的。而兩個女孩每天也總是充滿期待，今天即將聽到甚麼樣的新歌？

那時心裡就種下了：原來唱歌是這麼一件可以讓自己喜悅，也帶給周邊人們歡樂的事。

我們在走往公車站牌的路上唱歌，有時興致一來，還刻意搭乘非直達車，在圓山站轉車時，四個同學散步到附近剛成立不久的台北市立美術館，就在周邊公園放懷高

唱，女孩們不時也一起加入同歡，唱到走音時，忍不住蹲在地上大笑。

男孩女孩們打打鬧鬧的，時間倏忽即逝，抬望眼：天邊已經漾起美麗的紅霞。

這是許久許久前的回憶了。但畫面依然清晰，即便如今我再也看不到當年的夕陽，但依然感受到季節的和風。

而往事並不如煙，所有美好的過往都是滋養我通往幸福道路的養分。

在我從光明逐步走向黑暗，後來終於又從黑暗找到光明的人生路上。

我學到很多：我學會了感恩，學會了付出，學會了用平常心去接納世間的種種。

我也學會了無論是晴是雨、歡喜或悲愁，只要想念從前的日子，就在心底為自己唱首歌。

那麼，親愛的讀者們，就讓我邊唱歌邊講故事給你聽吧！

故事就從一個愛唱歌的男人——我的父親說起。

# 光明中的黑暗

**Chapter.1**

············································································

# 夜來香

那南風吹來清涼
那夜鶯啼聲清唱

　　那是個純樸的年代，也是個百廢待舉的年代。

　　我們林家的家業在時代的庇蔭下成長茁壯，後來卻也是在時代的轉型下，被潮流無情的淘汰。

　　如果這世上真的有先知，是否可以在一切都還來得及挽回前，為我們指引明路？如果早點抓住時代的變遷脈動，是否我們後來的生活就可以不要變得那麼拮据克難？如果早點發現我眼睛的異變，是否可以想方設法讓我視力找到一線生機？

　　往事已矣，答案也永遠無法追溯。

　　但可以確定的，我父親的人生以及連帶的影響我們林家後來的發展，的確跟一個先知有關。

　　那是我出生前十七年，也就是民國四〇年代的事。

◈ 源起：西門町的西裝店

一個先知預言了我父親的命運，雖然當年做選擇的人不是他，而是我的阿公跟阿嬤。

我們的祖家定居於現在的西門町，當年那裡非常繁華，可以說是全台北甚至全台灣最有商業氣息的地方。

地靈也要人傑，我的阿公就憑著他的好手藝，先是在人潮匯聚的中華商場，創建起他的裁縫事業，後來搬遷到位於昆明街的新據點，最興旺時候，家中聘請了十個師傅，客人川流不息，足以照養林家三代人的日常，生活無虞。

阿公是在福建福州出生，在那樣兵荒馬亂的時代環境，中國各地方日子過得都很苦，於是他十幾歲就冒險跨海來台，想要在這個當年相對來說，充滿未知也充滿機會的新世界謀生。阿公後來成功扎根立足，因為他有一個可以安身立命的一技之長。

傳言福州人有三把刀：剪刀、菜刀、剃頭刀。只要熟悉任一把刀，就可以找到一個維生的命脈。三把刀分別代表著裁縫師、廚師以及理髮師，而阿公就是憑著家傳的裁縫技藝，能夠在台北西區站穩腳步，擁有自己的店面。

　　阿公當年來台，娶了位能幹的基隆女子，也就是我阿嬤，她是他一輩子的伴侶也是最得力的助手，當後來林家家道中落時，也是靠阿嬤的辛勤工作，才勉強撐起一家的生計。

　　為何做裁縫當時可以讓一家老少生活過得不錯呢？那是因為我們家是做西裝的，而各行各業的人們，日子再怎麼辛苦，多多少少家裡總要有一套西裝。

　　在民國六〇年代以前，台灣基本上是沒有成衣業的，不只是西裝，事實上是家家戶戶從上到下的所有穿著，主要都是靠裁縫，家中婦人都要有雙巧手，買布來縫製家人的衣衫。但若是西裝，就必須要找像林家這樣的專業裁縫店了。

　　那年代訂製一套西裝價格少則五六千元，多則超過一萬元。那是怎樣的概念呢？當時一般領月薪的上班族，月入大概只有兩三千，也就是說需要存好幾個月薪水，才有能力做一套西裝。

　　所以，那時林家家業興旺。

　　當生活沒有困難。阿公阿嬤最煩惱的一件事，也是傳統華人最煩惱的一件家族大事：就是香火傳承。

　　家中需要男丁繼承香火。由於早年代醫療不發達，公

衛制度也未健全，孩子出生後夭折率很高，因此家家戶戶都會生養很多小孩。阿公阿嬤那時候一共生養八個孩子：四個男孩四個女孩。這在那年代，也只是普通人家，不算是特別多產的家庭。

問題是：表面上孩子很多，可是不幸的事卻接連發生。

我父親排行老六，上有三個姊姊兩個哥哥，下有一個弟弟一個妹妹。原來是這樣沒錯，但後來我父親卻成為最大的兒子，因為前面兩個哥哥——夭折。

我的大姑二姑三姑，成長歷程還算平順，但我的大伯，也就是父親的大哥，出生沒多久就夭折。

這本就是機率問題，阿公阿嬤雖然難過，但也無法對抗命運，繼續增產報國，沒想到到了第二個男孩誕生，也是出生後沒多久，就因病夭折。這下子我阿公阿嬤緊張了。

如果說一個孩子出事是機率，那連兩個孩子出事，背後就可能有問題。命運鬼神之事，寧可信其有，於是當第三個男丁，也就是我父親出生時，阿公阿嬤不敢大意，馬上去找傳說中很靈驗的算命師父指點迷津。

### ◈ 先知預言父親的命運

已經走掉了兩個男孩，如果第三個男孩也丟失，那怎麼得了？林家如何傳宗接代？

趕快去請先知，也就是算命大師來指點迷津。

於是這個先知掐指一算，接著搖搖頭。似乎是前世的因果到今生結算，算命師父告訴阿公阿嬤，他們這輩子命裡是無法留下男嗣的。

怎麼辦？難道林家註定無後了嗎？

「解方是有，但一來也是有風險不一定成功，二來就算成功也必須付出相當代價。這……你們願意嗎？」

原來算命師父的解方就是：讓我父親鑽耳洞，意思是這樣可以騙過天界，讓上天把這一胎當成女的。父親是龍年生的，原本的猛龍，就會變成母龍。

而這樣做的代價是：鑽耳洞，這孩子的命格被破，因此他註定一生沒有出息。

我阿公阿嬤怎麼做呢？當然想都不用想，先保住孩子的命再說，甚麼出不出息那都是未來的事，暫時也管不了那麼多了。

就這樣父親一出生沒多久就被鑽了耳洞，也真的後續

一年一年都無恙好好地活了下來。

　　一方面為了讓香火傳承有個保險，一方面也因為當時年代本就家家多產，阿公阿嬤後來又替林家生了兩個孩子，也就是父親的么妹跟么弟。

　　么弟出生時，我父親已經七歲了。都長到這個年紀，應該比較安全不怕夭折了。而對於這個新生的么子，阿公本來又要把他帶去鑽耳洞，被阿嬤攔住，她說我們賭賭看吧！我們好好照顧，兩個男孩都可以存活的，但如果連這孩子的命格也被破，那樣對林家不好。

　　阿嬤意思是：家裡總要留個將來有用的吧！

　　於是父親的么弟，也就是我無緣見面的小叔，就這樣正常的被照顧長大。後來其實跟父親一樣，也都健康成長，到三歲都還活蹦亂跳的。

　　但該來的躲不掉，我父親十歲那年，命運轉折的那天，阿公阿嬤都在店裡忙裁縫，幾個姐姐當時都已出嫁（那時代女人結婚較早），包含我父親在內，三個孩子都在閣樓裡睡，醒來後，孩子的天性就是愛玩，於是就在空間有限的閣樓你追我我追你的，笑笑鬧鬧，聲音連樓下都隱約聽得到，當時大家都在忙根本沒空去喝斥。

　　忽然間，啊一聲，接著地板碰一聲響，當時在一樓工作的阿嬤驚覺不對，衝進去室內，一切已經來不及。我的小叔從閣樓樓梯口摔到一樓地面，才三歲年紀身體還很脆

弱，送醫前就已經往生。

我父親又變成林家唯一的男丁。

可想而知，阿公阿嬤除了嚇到外，並且從那年開始，更加的必須做到一件事：那就是全心全意要守護著這個林家僅存的命根子。如果說算命師父所預言的都應驗了，那林家也不指望有其他男丁了，畢竟當時阿嬤年紀也大了無法再生育。

一個觀念改變全家人的決定，一個決定改變了往後林家的發展。

我小時候有聽阿公親口跟我述說，原本我的父親是個乖巧伶俐的好孩子，並且會主動幫忙家務，手腳勤快做事認真。

但十歲那年，父親的命運轉變了，由於阿公阿嬤對他過於寵愛，已經到了要甚麼給甚麼的程度。乃至於父親在這樣的環境下，逐漸養成大少爺的習性，一年年下來，被服侍慣了，養尊處優生活下，人生也就少了精進的動力。

就是這樣的父親，不幸又碰到時代的改變，當成衣產業興起，阿公阿嬤已經年老，父親又不是可以因應變局，勇敢帶動家業轉型的人。終於迎來家道中落的結局。

我記得在我出生的時候，家裡都還算事業興旺，但到

了我念國小高年級時代，整個家境就越來越不行了。後來也遷出昆明街店面，林家幾口人很克難地過著經濟拮据的日子。

### ◈ 面臨家道中落的命運

我愛這夜色茫茫

也愛這夜鶯歌唱

夢是美麗的，現實卻是殘酷的。

所謂現實，不一定是我們做了甚麼事，而往往是我們沒做甚麼事，或者就算我們做了甚麼也於事無補。

現實，就是身不由己的無奈。

父親的人生初始是很意氣風發的，小小年紀他就知道自己是有身分的人，他可是個小老闆呢！

他不僅有事業，並且感情也順遂，他在十六歲那年就結婚了，娶了一個年紀大他五歲，當年街坊相傳著名的美女。

我是在民國 58 年底出生，父親那時還沒滿十七歲，也還沒當兵，所以父親跟我年紀只相差十六歲半，以現代的說法叫做「小孩生小孩」。

沒幾年我的兩個弟弟和一個妹妹也誕生在這世上。可

以想像這樣的畫面：一個那時才二十幾歲的帥氣青年，已經成家立業，五子登科：妻子、孩子、房子、銀子、車子（父親總追得上時髦，騎的是當年最領先潮流的重型機車）都有了。他該是如何的覺得自己無所不能啊！幾乎連家人也認定當年算命師父所說的：「這孩子將來不會有出息」，這件事只是無稽之談。

　　但所謂「福兮禍之所伏」，其實那個裁縫事業是阿公阿嬤建立的，父親只是繼承家業，而他本身原本小學時候功課還不錯，可是自從在家日漸得寵後，也早已不再勤學，書本早不知丟哪去了。這樣的父親自然難以主動去洞察時事變化，心中也沒甚麼雄偉的擘畫藍圖，也就是現代人所說的「安於舒適圈」，後來在類似溫水煮青蛙的產業衰敗中，眼睜睜的看著裁縫事業沒落。


　　無論如何，在最早時候，家中還是有相當榮景的，那年代男女老少都還是不免要跑裁縫店訂製衣服，特別是西裝，根本就是那年代的貴重物資之一，現代人可能很難想像，那年代西裝是可以「典當」的，就好像如今有人拿名錶去當鋪調資金的概念。

　　基本上林家這樣的西裝裁縫店，不至於被列入富豪，可是生活無虞是可以的。但時代潮流淹得很快，我小學五年級前，還過著類似小小少爺的生活，怎的轉眼幾年間，

家境怎樣沒頂的都不知道？

　　實則成衣業興起太快，經濟規模也很快建立，當人們買成衣遠比訂製要便宜，且花色選擇更多，西裝業者自然一個個被打趴。

　　我們店較早時候在昆明街，位於老松國小的對面，店面規模不小。除了一整層樓加上一整個地下室外，還有個小小的閣樓。一樓是主要門面，營業場域在最前面，最後面是餐廳跟廚房，中段區隔成兩個空間，一個是爸媽的主臥房，妹妹也睡這裡；一個是阿嬤跟當時尚未出嫁的姑姑共居的臥房。至於我和兩個弟弟，就跟阿公一起睡閣樓。

　　房子的地下室，其實就是裁縫主力進行的地方。極盛時候聘雇了十個師傅，他們吃住都在這裡。每個師傅負責一個像榻榻米那麼大的平台，這平台白天是裁縫作業的場域，平台下面可以堆放什物，到晚上則成了師傅睡覺的床榻。就是說白天起床在這工作，到工作結束晚上也在這裡睡覺。

　　我的媽媽則忙進忙出的，同時要忙家業及家務，她每天得準備二十人份的一日四餐：早餐、中餐、晚餐以及消夜（通常煮一大鍋麵）。這餐食不容易，因為一餐要分兩梯，我們餐廳只有一個大圓桌，我們林家人阿公阿嬤爸爸媽媽加小姑，還有四個孩子這樣一桌，等我們吃完，換師傅上來用第二梯。

　　但景氣變遷帶來的打擊影響是快的，我小六那年，阿公過世，店務逐漸衰敗，到我國中時候，舉家不得不搬到較偏遠的南寧路。裁縫事業經營期間，原本十個師傅，因為生意不好，後來剩八個，生意更不好，人數再減。等到了只剩三個師傅時候，店也就大約撐不下去了。到後來店面關起來，只留下一個師傅，只做老客戶，再之後連那位師傅也離開了。

　　前面提到的「大家」：包含我阿公阿嬤及我媽都在忙碌時，我父親的角色呢？他其實相對輕鬆的，父親就喜歡當個門神，也就是讓路上人來人往都看到他就是老闆。

　　父親總愛站在門口招呼人，他的主要工作場域就是在一樓店面，那兒有個工作檯，他負責成衣訂製的第一道步驟：幫客人剪布量身，做出基本版型，他這關過了後，布料就直接送到地下室，那裡才是真正裁縫作業的地方。


　　只是這門神越來越不好當了。

　　產業蕭條的狀況已經很明顯，父親逐漸無法展現他的老闆風采，但從小就被捧得高高在上的他，可以怎麼自處呢？

　　還有一個展現自己的權威的地方：那就是在家中稱王。

所以我們家四個孩子，從小就很怕我父親，他雖不是事業經營有成的企業家，卻絕對是個威嚴十足的大家長，一舉一動都牽動著大家的敏感神經，闔家小心翼翼，每天提心吊膽怕不經意逆了龍鱗，惹來無妄之災。

　　而父親也的確是屬龍的，只可惜再怎麼想要展現意氣風發的風采，然時不我予，龍困淺灘。

　　那時，林家已經家道中落了。

### ◈ 無奈的夜夜笙歌

　　在家中逐漸面臨經濟困境，師傅走光，也少有人來訂製西裝的時候，一個女人負起了林家關鍵的生存維繫使命：那人就是我的阿嬤，她在那時成為家中主力經濟來源。

　　出身在基隆的阿嬤，從小就是個做事勤快的人，七歲就開始當童工，後來跟阿公結為連理，也是整天忙裡忙外，她一生操勞，直到年過八十都還繼續在工作，甚至在那個年紀，她不需要戴眼鏡都還能穿針引線做裁縫，可以說她是那個年代的女強人。相對來說，阿公算老實人，父親則是富家子弟習性。所以當變局發生，男人束手無策，反倒得靠著阿嬤去找活計為林家謀生路。

　　那時我們家附近就是警察大學。如今的警察大學已經
搬去桃園龜山，但最早時候是在如今的龍山國中所在位
置，阿嬤從以前就懂得跟校方維持好關係，當家中碰到危
機，她就把店務交給阿公（反正也沒甚麼客人），她自己
則去警察大學應徵工作，成功地獲准進駐警大，在那成立
了裁縫部，後來也跟隨警大搬去桃園，每日搭公車台北桃
園往返出勤。

　　還好那年代，人們依然需要裁剪縫紉，其實就算到了
現代，也還是有人可能比較勤儉，衣服破了捨不得丟而選
擇去縫補，此外還有學校要繡學號，換拉鍊等等，也都需
要裁縫師服務。總之阿嬤就駐守在警大的縫紉部，後來她
工作到退休。這份收入成為林家的主要財源，直到後來包
含我以及弟弟，也陸續有了工作（也都是到警大服務），
家中才有更多收入，但也都只夠家人勉強維持生計。

　　我們家道中落後，家境狀況有多慘呢？

　　父親上頭有幾個姊姊，也就是我稱為姑姑們，人家女
兒嫁出門後，娘家是做為一種後盾，是一種心靈靠山。但
在我們林家，因為遭逢產業變遷沒能轉型的挫敗，女兒回
娘家不是來獲取資源，相反的，她們回來都比較像是來幫
助娘家似的。每個姑姑回來，不是給阿公阿嬤錢，就是給
我們幾個孩子零用錢。有時候我也感受到，本來身為老闆

的父親，有種必須被姊姊們救濟的尷尬。

而這樣的父親，本身一來沒有學歷，二來除了縫紉也沒其他專長，在店收掉後，他只能被困在這裡無力回天。於是父親總是憤恨不平，他不肯面對現實，一心覺得上天對他不公平，吶喊著為何要給他這樣的懲罰？明明有好的技術，在這個時代卻無用武之地。

父親總覺得他能力沒有不好，是大環境的錯。

阿公後來過世，阿嬤又在警大工作，父親一個人在家，不忘展現他的派頭。他尚有的餘威，表現在與人喝酒搏感情上。

說起我父親，從前風光時代他也是個有頭有臉的人，交遊廣闊，好像人脈四通八達，結交各地的商賈名人。畢竟他參加過獅子會、青商會，也曾是救國團團委會的幹部，其他包含後備軍人聯誼會、義警組織，這類社團他都有參與。總之要他呼朋引伴，絕對是沒問題，事實上這也是他唯一的生活慰藉了：就是經常找朋友來家喝酒唱歌。

老實說，父親關係那麼好，但那些所謂的老闆們，後來有任何人可以對林家有甚麼幫助嗎？

一個都沒有。

在我成長的記憶裡，總無法掃開那些夜夜笙歌，擾得

我讀書睡覺都不安寧的日子。

爸爸跟一群三教九流的朋友們，邊喝酒大聲喧嘩，邊唱著卡拉OK：

夜來香

　　我為你歌唱

　　我為你思量

這就是我的成長背景，而我這林家的長孫，此時也該登場介紹自己了。

我是個從小比較害羞內向的男孩，協助照顧著底下的兩個弟弟跟一個妹妹。

我算是個用功認真的孩子。

那時候，我眼睛還沒嚴重病變。我對世界有著憧憬，以及想要看到美麗世界的企盼。

# Chapter.2

# 夢想的秘訣

你總是好奇我為何看不見

你總是驚訝我可以微笑每一天

你無法想像我如何夢想都能夠實現

讓我告訴你一個秘訣

因為我學會接納自己的缺點

　　我是個有很多缺點的人，早在眼睛病變以前我就是如此。

　　事實上，是直到我將近二十歲時候，家人帶我去醫院才知曉，我竟然有著至今無藥可醫治的遺傳性視網膜病變。

　　但在那之前，我的人生過得平凡且保守，甚至有些畏畏縮縮的。

　　每個人要成長為怎樣的一個人，多少跟自己的生長環境有關。以我本身來說，後來得到貴人指引，走出一片

天，但在那之前有長達一二十年歲月，我是偏向自卑，甚至自怨自艾的。

我後來是怎麼走出來的呢？

在此，我先來述說童年的成長歷程，以及家庭怎樣對我的性情帶來影響。


### ◈ 我那絕對權威的父親

父親是每個家庭中，影響孩子發展的重要關鍵人物。

在我們林家，關於我父親，該怎麼說呢？應該說他像是個神一般存在的人物。當然這裡指的不是父親很神奇，而是我們闔家必須像對待神明般的對父親畢恭畢敬，凡事遷就。

**小心，千萬不要讓爸爸不開心。**

這不是句笑話，而真的是林家長期以來的日常。意思就是：父親要甚麼就盡量滿足他，若發生甚麼事讓父親不高興，沒有第二句話，絕對是我們的錯。包括媽媽、我們四個小孩，乃至於阿公阿嬤都一樣，只要惹父親不高興，第一件事就是趕快道歉。

反正父親永遠是對的，即便後來家道中落，他明顯就是個負面形象：每天酗酒抱怨人生，並且態度傲慢對上對下都不禮貌。我們生活的基本準則，依然就是不得違逆這

個「林家的寶貝」。

　　說起來，論寶貝，我出生時算是我們林家的長孫，應該更被疼惜吧！事實上 家人也很疼我，但無論如何，第一寶貝的依然是我父親，印象中有太多次：明明我們沒做錯甚麼，只因父親不高興，我們就得低頭認錯。特別可憐的是我媽媽，她每天忙裡忙外的夠辛勞了，還得忍受林家這樣子的潛規則，受盡了委屈。

　　其實阿公也不是不知道，我們其他人因此有著委屈，但他私底下跟我們解釋：家和萬事興，如果能夠讓你爸爸不生氣，家中氣氛和諧，那不是很好嗎？

　　父親於是可以長年在家中當大王，但這對成長時期的孩子可就非常不好了。

　　我從小就必須在這種壓抑的環境下戰戰兢兢的成長，這讓我長年不論在學校或出社會工作，也總是低調怕事。

　　各位讀者很難想像那種害怕的感覺，這裡我舉個例子來說：那時父親有時會騎著他的名流 150 外出找朋友，我們家四個孩子都很熟悉那車子發動以及騎走的聲音，每當聽到車聲終於騎遠，然後……普天同慶囉！四個孩子好像剛從監獄中被釋放出來獲得自由的犯人，心情頓時放鬆，可以歡呼笑鬧看電視玩樂，無拘無束。

　　然而有天堂就有地獄，父親不在家時我們有多快樂，

相對地，父親在家時我們就有多痛苦。那種痛苦是「人未到聲先到」，當遠遠的聽見熟悉的機車聲出現在巷子口……所有人假期宣告結束，甚麼玩樂的事全都停掉，趕快乖乖的歸位，寫功課的寫功課，忙家事的忙家事。

當父親一進家門，整個空氣凝結，似乎連呼吸稍微重一點都會出事。

而那時如果父親在外頭已喝了酒，那情況就更糟了，他會「下令」把四個孩子集合起來。啊！大將軍要訓話了。

但這天將軍不是要訓話，他想表現出他的親和呢！所以他要幹嘛？他叫我們四個兄弟姊妹，大家來合唱一曲《甜蜜的家庭》，於是幾個孩子只好心不甘情不願的唱歌。

可以確定的，這件事跟我日後的歌藝沒有直接關係。只能說，那時的記憶尚不至於讓我對唱歌產生恐懼。


無論如何痛苦是真的。

這樣的成長經歷，也讓我日後在與人相處時候，懂得去思考：**其實不一定只有動手動腳的才是暴力，有時候情緒勒索是更常見的暴力。還有種種負面情緒，諸如夫妻失和、嚴父嚴母的獨裁統治，或者其他不一定是吼叫逞凶的氣氛，也包括絕望哭泣、危機恐嚇或者各類無端的情緒轉**

嫁遷怒，最終都會傷害到家人，特別是孩子以及青少年。

日後我也漸漸知道，其實父親不是故意要去扮演這樣子讓大家有精神壓力的惡人，他只是積習已久，忘了該怎樣控制情緒。就算他想表達善意，後來也不免用錯誤的方式傳達。

總之他少年時期就被寵壞了，積習難改，碰到各種狀況，總是讓情緒發洩再說，也許下一秒理性的部分後悔了，可是情緒已經爆發出去，帶來的負面效應覆水難收。

**情緒管控是很重要的，我們知道有太多的人，本意沒那麼壞，可是只因不會控制情緒鑄下大錯：好比情人間吵架，男孩憤而打女孩一巴掌，之後再怎麼下跪求饒說自己一時失控也無濟於事，因為感情裂痕已經蔓延，無法彌補。更別說職場上、甚至馬路上，可能只是被汽車喇叭叭一聲，或與人細故口角，衝動做出各種不理性的行為，下場往往是一千個道歉也救不回已經鑄下的大錯。**

至少父親的管教方式，讓我很小時候就建立起對情緒管控的認知。某方面來說，這也是對成長的一種助益。

◈ **內向害羞的小學時代**

有著非常「嚴厲」的父親，我在校成績好，感覺上也

不會太意外。

　　不過這裡要說句公道話：在我成長的五六〇年代，打罵教育本就是家家戶戶的共識，甚麼「孩子不能打」「動不動就去學校找老師理論」……這些都是現代新世代孩童的成長模式，而不屬於我那年代的實況。

　　所以不只我表現不好，回家會擔心被父親責罰，那年代大部分學生，不論在校或在家，吃藤條吃雞毛撢子，都是正常的現象。

　　不過，我的父親的確暴躁程度有更強些，我以前跟同學聊天，同學問「你爸會打你嗎？」我都表情嚴肅地回說「不會」，然後當同學用很羨慕的表情跟我說「你家好好喔！」我接著會補一句：「我爸不會打人，他只會揍人」……

　　是的，我家情況很像電影中誇張的情節：流氓翻桌子、杯盤飛滿地，甚至一腳把人踹到牆邊去……

　　為了不要讓以上悲劇發生：我真的要好好念書。

　　基本上，學生時期我是典型的好學生，不只功課不錯，更且德行也獲得讚譽。所謂德行，其實我也就只是乖乖不惹事。畢竟誰敢惹事啊？若出事鬧到家裡，那種畫面我可不敢想像。

　　身為長孫，我算背負深厚期許的，阿公阿嬤成長年

代，教育不普及，時代動盪背景下也無法好好念書，到了我父親時代，他又因為太過受寵荒廢了學業。因此光耀林家門楣的重任自然就落在我身上啦！我被家人期許一定要成為我們林家第一個上大學的人。

所以在高中以前我的學業表現都還不錯，因為我非常自愛，不想辜負這些使命。

其實我小學時代眼睛就已經開始出問題了，只是當時還不知道嚴重性。包括當老師認為我有近視，家人也真的帶我去配眼鏡，那時候驗光師也只是不斷幫我調換鏡片，當檢測近一個小時，發現我還是最多只能看到 0.6，也沒人留意到我眼睛有病變，就只是配個眼鏡讓我可以看到 0.7 的程度。當時家境還可以，阿公阿嬤也會特地去買魚肝油給我吃，甚至我記得有一回還買味道很噁心的蛇膽給我進補。

所以我從學生時代就已經看東西比別人吃力，即便如此，我還是盡量在校取得好成績。

我的個性很單純，反正家長師長要我怎樣，我就怎樣。甚麼「適性發展」？聽都沒聽過。

小學時代我念的是老松國小，成績大約總是保持在全班前五名。

那很不容易呢！我那個年代，老松國小是個超級大

校，每班有五六十個學生。

這裡也來個題外話，我們都知道現在台灣少子化嚴重，有多嚴重？正好以我的母校老松國小做對比，我念小學時代（大約民國六〇年代），一個年級有二十幾個班級，學生數超過千人，六個年級加起來更是學生總數六七千人。但現代呢？

老松國小「全校」學生只有六百多人。你們看差距有多大！

到了國中，前面有提到原本我念的學校所在地是警察大學，後來警大搬走了，成立的新學校叫做龍山國中，我在中學時代成績也算優秀的。那年代普遍實施的是常態分班制，國一時候是常態編班，然後依照整學期考試分數，進入國二就開始依成績分班，我念的是所謂的「好班」（也就是升學班，相對來說，壞班就是放牛班）。

也在那時候，我家由昆明街搬到南寧路，那兒有座鐵路高架橋，我家就是在高架橋邊。一間簡陋的平房。

國小跟國中，我家都離學校很近，對我來說，上學交通不是問題，家道雖中落，但學費家裡也還負擔得起，我當時最大的煩惱就是：我根本看不清楚黑板上的字。

如今想來很奇怪，從小學到高中那麼多年來，師長都

知道我視力不好，但從沒有人想到，應該帶我去做深度檢查。

小學時候，我個子在同年齡層中算是偏高的，依照教室座位分配，我理當坐後排，可是坐那裡我看不清楚黑板，而就算老師有要家人帶我去配眼鏡，改善還是很有限，為此，不得不把我調到第一排。

對我來說，這真的是超丟臉的一件事，一個高個子坐第一排，那麼凸顯。並且我個性非常害羞，每年老師給我的家長聯絡簿評語都是「沉默寡言」，這樣的我，偏偏又得眾目睽睽下坐第一排，讓我上課超不自在。

我記得小學時候，我是內向害羞到連上課時碰到腹痛或尿急，也不敢舉手說要上廁所。因為我完全不敢讓自己成為眾人的焦點，日常在校內，我也不敢主動表達甚麼意見。

可見從小在家養成的壓抑個性，真的會影響成長時候的行徑，甚至影響到健康了。

而連上廁所都不敢舉手的我，更不可能會是那種主動舉手問老師問題的人。

不但不敢問老師問題，我還非常害怕被老師點名起來念課文。

我有多害怕呢？害怕到每天上課前都要對上天祈禱，任何的神都好，只要可以保佑我不要被老師叫起來念課文就好。

　　難免事與願違，畢竟一學期那麼長，總還是會被老師點到名。那時候我就得站起來唸課文，並且毫無例外地，我唸出來的聲音總是結結巴巴的。

　　那時候老師跟同學們都以為我是太緊張，或者有比較頑皮的同學會直接說「信宏好笨喔！」。

　　直到許多年後，才終於知曉那不是因為我笨，而是因為我眼睛出狀況。

　　無論如何，原本個性就很壓抑的我，又加上這類的事情，變得更加的自卑，甚至內心裡也自己問自己，是不是我真的很笨啊？

　　這就是我的小學情況。


### ◈ 走在框架裡的平凡中學生

　　事後回想，我如果不是因為健康上的問題，依我的認真程度，以及生活的規律性，我原本是可以長成一個「正常」的青年，也就是考上大學、找個好的上班族工作，娶

妻生子,過著平凡人生。

　　我生活規律,自然跟我家教有關。有個嚴厲的父親,孩子是不敢偷懶踰矩的。

　　由於個性很內向,我學生時代沒甚麼朋友,自然也不會有甚麼下課後去誰誰誰家玩那類的事。每天準時下課到家,我也都很安分,放下書包後,就拿出功課乖乖地寫。

　　功課寫完,可以有段時間看卡通,然後吃飯時間到了,飯後大人要看連續劇,小孩子沒事也坐在一旁,看不懂劇情依然沒頭沒腦的看,然後九點一到,我到現在還印象深刻,當年有個三分鐘「行的安全」卡通,準九點零三分,大人就命令我們要上床睡覺。我們幾個小孩也都聽話照做。

　　身為男孩,在傳統重男輕女的家族,還是有點優勢,記得阿公很寵他三個男孫,我跟我兩個弟弟是跟阿公一起睡。

　　從這樣的規律生活,就大致可以看出我就是一個乖巧甚至呆板的孩子,我從小的個性就是壓抑內斂,在人群中能夠把自己隱藏起來最好。內心裡,我的自我評價也很低,就是說覺得自己跟一般人比是偏笨的、是比較不突出的,反正就是 一點都不特別的平凡孩子。

這樣的孩子搭配那個年代的教育制度，狀況只會更糟，壓抑已經成為習慣。在我念國中（大約七〇年代初期）時，國中男生都是要剪所謂三分頭的，一個少年剪那種頭型，說有多醜就有多醜，根本也不可能頂著這樣的頭在外頭搞怪。

　　而男女分際明顯，從國小高年級就已經男女分班了，國中更是男女涇渭分明，如有輕易越界，重則是可能被退學的。

　　學習的路也都被框架住的，學生要念甚麼書，基本上師長都規定好好的，根本也不需要思考。以國中生來說，未來直到考上大學前都只有一條路可以走，那就是拚盡全力，一定要考上公立高中，退而求其次是公立五專，最差狀況也要念到公立高職。若念到高中後續自然就是全力拚大學，就只有這條路才是「對」的路。

　　國二時候分班，我如常的被分到A段班，也就是被設定好要走「對」的路的人。那時候我的眼睛狀況已經比小學更糟了，但仍然只被當成是嚴重近視，無論如何，這件事對我念書已造成影響，我當時再怎麼努力讀書，也只能讓自己勉強維持在中間（名次大約二十幾名）的成績。

　　在那年代，為了讓國中生們都走上「正確」的道路，因應而生的就是補習文化，其實到了現代，家長們也依然習慣要讓孩子們課後補習，但在我那年代，補習簡直成為

「第九堂課」的概念，彷彿補習本就是正常教育的一環。

我至今還記得，國中時候的導師名字叫做義和，剛好那時歷史課本有教到清朝時候義和團與八國聯軍這段，很自然地同學就聯想到老師的名字，笑稱他就是義和團。而老師自己也不避諱，覺得這玩笑無傷大雅，甚至還跟同學一起開玩笑，戲稱自己喜愛的學生為大弟子二弟子。

不過這裡我想起這位老師，不是因為他名字讓我聯想到義和團，而是回憶起中學時代，當年他教過的課程內容或講過的話我早已忘記，但我卻清晰的記得他經常邊在課堂上巡堂，邊對某些學生（例如我）用氣音小聲地說：「補習費快交」。

我也真的有去老師家補習，不過時間不長，因為後來我家的經濟已經無力負擔學費之外還要額外補習費。

不補習，就要靠自修了。而我的個性木訥老實，晚上也真的會認命的拿出課本來K書，甚至計畫要熬夜。

那時不知道為什麼（當然現在已經知道原因，跟眼睛有關，但當年不知道），我雖然打開書本很想好好讀書，也刻意去喝咖啡提神，可是經常書翻個幾頁，「睏神」就上身，我唸到後來總是趴在桌上睡著，然後被我父親罵醒。

他總罵我：「不讀書就好好去睡，幹嘛趴那邊裝得好

像很認真的樣子？」

　　可是我是真的很想好好唸啊！

　　這樣「心有餘而力不足」的我，後來勉強還是考上了當時位列台北高中榜第六順位的公立高中（復興高中），已經算很厲害了。

　　但到底當時我發生甚麼事了，怎麼會一唸書就念到睡著？後來才找到毛病出在眼睛。

### ◈ 視網膜病變帶來的讀書不便

　　我的眼睛惡化的速度是以年計，大致上，直到二十多歲以前，都還是可以看到東西，只是越看越模糊，到後來視力只有約 0.1，也就是所謂的弱視，到更後來就是眼睛整個病變失明。

　　也由於病症是漸進的，特別是在從前醫藥不那麼發達時候，我的這種狀況是很容易被忽視的。

　　來說說國中念書時候為什麼唸一唸就想睡？那是因為我視網膜功能已經無法負荷我的念書速度，我依然可以唸書，但就是會比別人吃力許多。

　　基本上，眼睛是透過對焦，讓資訊傳達進大腦，當視

網膜出問題，具體來說就是我的視網膜只剩有限的對焦可視範圍。各位讀者可以想想：你現在看一頁書很正常，但假使規定你，只能透過一個小圓框看書，你必須不斷移動那個小圓框，才能看完整頁書，這中間只要一不小心，好比手滑一下，圓框離開原本定位，那整個閱讀就被中斷，你找不到之前唸的地方。我當年的眼睛狀況，就是從瞳孔中間開始退化，彼時看書較多使用餘光，因此非常吃力。

我那時候念書就是碰到這種情況，我的視網膜病變，讓我看東西的範圍很有限，可能本來在看第一行，然後頭部一個晃動，對焦位置跑掉了，我變成看第二行，前後無法連貫，必須從頭去找第一行。看書看成這樣，當然會很累，越看越累，自然就越想睡。

再來說說，小學時代為何唸書結結巴巴？也是因為視網膜的問題，正常人讀書，眼睛一邊快速看下去，資訊傳達進大腦，再命令嘴巴唸出來，那過程是很順暢的，因為你唸的都是你看到的。而我的情況可以這樣比喻：「我的嘴巴唸誦速度快過眼睛看到的速度」，既然眼睛跟不上嘴巴，自然就會結結巴巴了。

少年時代的我，還不知道自己眼睛病變，就為自己貼標籤，覺得我可能比一般人笨吧？我知道我當時功課還可以，但那是靠比別人更用功好幾倍才換得的，同樣的內容我要比別人花更多時間，才能得到一樣的結果。那我自然

是比較笨的人。

覺得自己笨是種自卑的表徵，而自卑涵蓋的層面還會擴及其他：基本上就是覺得自己整個人就是「不行」。這也影響一個青少年的人際關係以及企圖心，試想，還沒步入社會就已經強烈自我貶低，這樣的人怎麼會有前途？

也正因為如此，後來的我可以走出來變成自信，那過程更是難得。

當然那已經是很多年後的事，我直到坐二望三年紀，人生才開始因為貴人指引，有了較大的突破。

無論如何，中學時代的我，唸的是 A 段班，後來聯考成績雖不盡理想，不過還在可接受範圍。

我知道在我那個年代，有很多學生，自我要求甚嚴，男生非建中附中不唸，甚至就算考上第三志願成功高中也決定要重考。相對來說，我反倒由於內心自卑，標準沒那麼高，能考上公立高中，我已經很高興了。家裡也沒有覺得我這樣不好。畢竟，那年代人家都說考大學是窄門，實際上考高中的門檻還比大學更窄：具體來說，當年北區聯招，有五萬考生卻只有不到一萬個公立高中名額，也就是考上公立高中的機率只有不到 20%。我因此也可以自我安慰說，至少也算每百人中我算有列入 top 20。可以了啦！

不過當年有件很有趣的事。

記得那是我國三那年，有一天我們家人在客廳看新聞，剛好那年發生復興高中校史上一件大事，後人稱之為「吻頰事件」。這個所謂事件，其實不過就是在校慶活動會場，有吉他社同學上台表演，然後有女學生上台獻花，不僅如此，還獻吻。這……問題就大條了。

現代人可能會覺得莫名其妙，歌迷衝上舞台對喜歡的偶像獻花擁抱等等，這常見啊！有甚麼好大驚小怪？

但當年就是那麼大驚小怪，還變成那一陣子的焦點新聞，形成意見對立兩極化的熱門話題，電視上的談話節目（我還記得主持人是李濤），還邀請「正反方」上節目討論。

當時父親就是看到這個節目，然後感到「義憤填膺」。我已忘記當年父親到底是覺得「女學生親男學生臉頰成何體統？」而不高興，還是對「復興高中竟然那麼保守無知」而覺得很感冒？

總之那時他邊看電視邊對著我教訓說：「阿宏，你聯考給我認真點喔！千萬不要給我考上那所學校」

而結論，大家都知道了，我就是考上「那所學校」。

這就是所謂的「莫非定律」吧！越不想要的，卻偏偏會讓你碰到。

而那年我也即將成為青年，只是直到那時，我以及全家人都還不知道，有一片黑暗正等在我未來的路上。

# Chapter.3

## 我是一片雲

我是一片雲，天空是我家

……來去無牽掛。

漸漸地，人們會發現，人生越來越難讓自己無憂無慮了。

學生時代覺得念書很累、爸媽和老師都會嚴格管教，有時候去學校會碰到很多煩惱的事，還有那大大小小的考試，日子簡直是種折磨。

但等長大入社會後才發現，一生中最單純最可以做夢的時候，反倒就是在那個「期盼想長大」的學生時代。

成年後，真正可以做到自在瀟灑，好像人生真的無憂無慮的，可能真的只有繼承遺產的人，他們若有一輩子都花不完的錢，只要不染上甚麼惡習自尋苦惱，人生應該可以自在瀟灑。或者有那些青壯年時代創業有成，賺得富裕

人生後早早退休的人，如果那時體力還行，沒甚麼健康上的煩惱，也可以自在瀟灑。

至於我，的確有繼承遺產：也就是遺傳的視網膜病變；帶著這樣身體的我，自在瀟灑似乎離我很遠。

### ◈ 貧窮家境下的自卑男孩

終於來到了高中，往前看我即將邁入十八歲，是準備要當個成年人的年紀了。想想我的父親，他可是在這個年紀已經結婚，接著就是我誕生在人間。

高中時代，可說是清純歲月最後的一段。這裡不單指的是對一般人來說，十八歲以前是人生最無暇純真的年月，特別是對我來說，十八歲以前是幸福「光明」日子的倒數時光。

那時我還沒聽過視網膜病變這個可怕的名詞，也以為未來還有燦爛光明的美好等著我。

那年我考上復興高中，那是個很美但也很遠的地方。我必須趕在太陽未升起前就出門，回到家時則往往已經日落。在我家附近剛好有一班車可以直達學校，那是典型的「起點到終點」：我家這邊是公車總站，而到學校那邊則

是另一個終點總站。每天就是這樣從這一端到那一端，加上塞車，來回可能超過三個小時。

如今回憶起來，那班公車，挺像人生的隱喻：載滿各式各樣的年輕人，在各自的站牌上上下下，過程大家擠成一團，甚至緊密接觸，最終依然各奔西東，徒留一輛空空的公車，停駐在荒遠的山邊。

我常搭乘的 218 公車，真的可以說是學生特色專車，一路上收容的學生，有公立高中包含復興高中、中正高中；有私立高職如珠海商職、北士商，還有當年還沒有改制為大學的銘傳商專等等。就是說，也許大家國中時期都還在同一個學校，但考試定終身的年代，畢業後當穿上不同的校服，寓意的是截然不同的未來生涯。

那是七〇年代，如果一個人考上公立高中，那代表這只是個過渡站，學生們毫無懸念地只有一個目標：就是考上大學。如果沒考上大學那結局可能會很淒慘，那些五專畢業生、高職畢業生，因為擁有技職訓練背景，都還比純高中畢業生有競爭力。

所以非考上大學不可。

然而，對我來說，這件事卻越來越不可能，因為當時眼睛狀況已經嚴重到，我真的根本無法好好念書。甚至連要畢業都不容易。

也的確，我後來高中加上留級唸了四年，最終還是無法畢業，只能算是高中肄業，勉強取得同等學歷報考大學的資格。

　在那段開始視力倒數的歲月裡，畢竟還年輕，回憶起來還是有很多甜蜜的印象。然而也必須說，在我升上高中時，家境已經更加的拮据。

　家境不好表現在我的三餐上，原本早上出門前媽媽還會幫我準備便當，後來改為給我錢讓我中餐自己解決。早餐基本上是稀飯配醬瓜那類的台灣傳統模式，如果家中生意好些，好比剛好有人來訂做西服，那可能早餐會有個荷包蛋，而若經濟狀況不太好，早餐就只剩稀飯拌醬油，往往搭車上學時，肚子還是感覺空空的。

　苦撐到中午，如果媽媽早上有給零用錢，那還可以學校福利社買個便當。若連買便當的錢都不夠，通常就只能在山腳下買兩個水煎包當中餐，然後繼續餓著肚子度過下午的課。

　有句話說：「人窮志短」，這是真的。特別是像我家這樣經歷過從富足到貧窮的落差，感受更是強烈。

　當生活中時時必須看別人擁有甚麼，而自己只有渴望卻無法企及。或者像我們那時候，家裡不時要靠幾個姑姑來接濟。那種「當別人給你，你不想拿，卻又不得不拿」

的悲哀苦悶，一次次下來都在貶損自尊，而當一個人沒了自尊，就自然會越來越自卑。

那是種揮之不去的生活況味，就好像一個人身體髒了染上怪味，再怎麼洗澡都洗不乾淨的那種空虛無力感。當覺得自身染上一種窮酸味，一個人會更習慣躲避人群，因為怎樣去看別人，都覺得自己永遠比不上別人，而且似乎全世界都在看不起你。

我是直到後來成年後，經歷過種種學習以及自我淬鍊，才終於了解：**其實每個人都有自己忙碌的生活，大部分時候沒人會盯著你看。所有的你所以為別人「瞧不起你」、「嘲笑你」…基本上都是你自導自演的內心戲。**

**成長時代，太多人因為自卑，先給自己貼標籤，也給別人貼標籤。當心中有鬼，就覺得別人的一舉一動都在嘲弄你、排擠你。**

**結論是：只有當你先看不起你自己，才會引發別人看不起你。**

因此找回自信，肯定自己，是人生必須體悟，攸關你一生幸福的課題。

總之，當年我是個瘦弱的中學男孩，一個老是隨便臆測別人都在看輕自己的自卑青年。

而那時候，我甚至都尚未接觸到後頭更悲慘的真實健

康遭遇。

### ◈ 數學被當，慘被留級

一年一年地，我的眼睛越來越不行了。高中三年正是拚大學窄門，決定一生命運的三年，但我卻一路跌跌撞撞，想好好讀個書，已經是個難題。

高一時候還好，畢竟那時離大學衝刺還遠。學生課業沒那麼繁重，老師管教方式也比較輕鬆。我僅以馬馬虎虎過得去的成績，低空飛過。

到了高二，壓力就變大了。那時已經要決定一件大事：選擇大學報考組別。

由於從小我就比較自卑，認為自己比一般人笨，既然如此，我覺得我可能較難學習數理那類很耗腦的學科，這樣的我應該不適合自然組，於是我選擇似乎相對較輕鬆的社會組。沒想到這是個非常錯誤，帶來痛苦的選擇。

原因就在於社會組，就是要不斷的背書，而我其實當時眼睛已經無法負荷。

那一年我每天都花比其他同學更多的時間在K書，但最終也只能換得勉強的過關，而有一門學科牽涉到理解，但根本連黑板都看不清楚的我，進度大大落後，那一科就是數學。我不但數學被當掉，並且就連補考也還是不及

格，高二那年我留級了。

正常情況，上課碰到狀況可以反映，例如「報告老師，我黑板看不清楚，剛你講的那個公式，可以再說明一遍嗎？」但就算如果有人架著我站起來，我也不敢在公開場合發言，我怎麼好意思因為自己沒跟上進度，就要全班陪我再聽一遍呢？

這種丟臉的事，我死也不敢做。

碰到問題不敢反應，於是迎來了留級的下場。

接著我要碰到的下一件可怕的事，就是要如何跟父親報告。說真的，那就好比要我去拍醒一頭獅子問安一樣，難道不要命了嗎？

但留級這麼大的事，我不可能隱瞞。還是必須回家面對爸爸。

那一天我的世界裡容不下其他事情，我整顆心都被壓力恐慌所占滿。我先是拼命想看有甚麼方法，可以不告訴父親這件事？結論是不可能。再來就是想著該怎麼表達，才會讓父親原諒我？好比說「父親大人，告訴你一個不算好的消息：我被留級了，不過某個方面來說這也是好事啦！這樣我就可以多唸一年書，打下更好的考大學基礎」……當然這只是白日夢。

而不論我內心思緒怎麼焦急的亂轉，到真正面對父親

時，甚麼台詞都派不上用場，因為那時我已經腦袋一片空白。

　　那時爸爸正在處理一塊布料，滿面嚴肅的站在客廳工作檯旁，光他那個氣勢就讓我想轉身而逃。無奈這件事仍必須報告，我只得兩眼看著地上，囁囁嚅嚅地，跟父親說：「因為……數學沒考好……後來…我……留級了。」

　　當我結結巴巴地交代完這番話，父親完全沒有停下他手中的動作，似乎當我不存在般，繼續熨著手上的衣服。那時空氣凝結，整個空間似乎快爆炸，我呆立在一旁不敢動，父親繼續面無表情的做著他的事。……時間彷彿無限延長，那種不知所措的尷尬，把我凝固在那個火山即將爆發的當下。

　　忽地，火山爆發了。那瞬間，我被暴跳如雷的父親嚇得縮到牆邊，有種錯覺他就要直接撲上來置我於死地。我整個人簌簌發抖。

　　無論如何，在經歷了一段怒罵轟炸後，事情還是必須解決。

　　那年暑假，甚麼休假計畫都別想了，我唯一的任務就是去補數學。而有個表哥，那時在海洋大學念書，就成為我的數學家教。

　　我的確也有心學好數學，不只是怕我父親的責罵，也因為我覺得羞愧，我竟然讓全家人失望了。畢竟，我原本是家裡最會念書的孩子，我的兩個弟弟和一個妹妹，學業成績一個比一個爛，大弟弟念公立高職，么弟跟么妹都是私立高職。身負全林家希望的我，竟然被留級，我有責任把成績追回來。

　　這裡也必須說，我那個表哥，真的是教育高手，他後來沒有從事教育業還真是可惜了。

　　他怎麼教我的呢？

　　那時放暑假了，我每天從家裡搭公車大老遠去到了新店，因為表哥住那裡。

　　首先他拿出預先準備好的試卷給我，要我自己寫。他則在一旁忙自己的事。整份卷子寫完後，表哥拿過去改，紅筆這裡圈那裡圈的，這份卷子滿江紅。

　　表哥接著把我叫去他旁邊，他拿著一模一樣的考卷，親自寫一遍，邊講也邊跟我解釋。所有試題講過一輪後，他又給我一張試卷，跟原來一模一樣的試卷，要我再次填寫。

　　因為經歷過剛剛的講解，有些題目甚至我也把答案背下來了，所以第二回分數比較高了。但依然錯很多，表哥再把我叫去，針對我寫錯的部分，又一次親自寫一遍，也指導我這題的關鍵。接著，他再次給我跟原來一模一樣的

試卷。

　　就這樣經過兩三次重複的寫卷子，我終於考滿分了。並且我是真正的理解那張卷子各算術題背後的運算原理。

　　下一個步驟，表哥又給我一張卷子，這回題目全換了，但基本原理都是跟第一張卷子一樣。我繼續答題，有錯的地方，他就針對我錯誤的地方指導。

　　就這樣，一個暑假內，我的數學功力大增。甚至我發現我開始喜歡數學了。

　　果然，進入下學期後，原本數學被當掉的我，現在反而拿到數學全班最高分。

　　可惜這樣的成績無法解救我的未來。畢竟我唸的是社會組，數學不是加權主力科目，更大的關鍵：我的眼睛已經糟到根本無法念書的地步。

## ◇ 大學夢碎

　　我的眼睛越來越差，一方面本來我的病症就是隨著年紀增長，會年復一年惡化，二方面我高中唸了四年，日夜不停的 K 書，更加重我視力的負擔。

　　到高三下學期時候，當別人正焦慮著該怎樣選填大學志願，我卻煩惱的是更迫切的問題：我該怎麼畢業？

　　如果說只有高中學歷的人，求職困難，那我不敢想像，連高中文憑都拿不到的人將來要怎麼辦？

　　為了能畢業，我不得不做出一件我最痛恨的事：欺騙。具體來說，就是我必須作弊才有辦法過關。

　　這真的是很煎熬的抉擇，標準乖寶寶的我，從小就被教育要做個教踏實地的孩子，我們家人最看不起那種投機取巧、不勞而獲的人。我自身在高二時候，就因為明明有些人實力沒我好，卻靠著考試作弊，順利升上高三，反倒我這個老實人，數學被當掉，留級一年，為這件事恨得牙癢癢的。

　　但如今，我必須做我最痛恨的事了。

　　因為明顯地，我看書的速度已經追不上考試，但我真的很想要順利畢業。於是我苦苦拜託坐我旁邊的同學，考試的時候，考卷挪下來一點給我看，否則我擔心我不能畢業。

　　那個同學人很好，考試當下真的刻意把卷子往下移垂掛在桌面下，想讓我看答案。但，他有心幫忙，卻幫不上忙，因為我視力太差了根本看不到。

　　再下一堂我改變策略，跟他說：「這回請你弄個小抄給我，拜託拜託！」

　　這個好心的同學還真的寫完卷子後，把答案寫在小抄上丟給我。但即便如此，我還是無法作答。

因為是小抄，當然不能正大光明放在桌上抄，而通常是放在腿上，偷偷的邊瞄一眼邊作答。可惜這樣我也做不到，放腿上我還是看不到，必須拿到很近，又害怕被監考老師發現。於是我動作變得很不自然，而那些老師們個個身經百戰，像我這樣不擅長作弊的老實人，根本在他們眼中，動作明顯到像是額頭上貼了張標籤說我正在作弊。

當下監考老師也不用特別來抓我，他只須慢慢晃到我身旁，這樣子我就嚇得不敢再作弊了，還把小抄趕快吞到肚裡。

可想而知，無法作弊，我的每科成績數字會有多難看。

其實我考試成績不好，不只是因為平常念書比別的同學困難，也因為那個試卷，我根本連閱讀都很吃力。其嚴重程度，當別人可能整張卷子都寫完，可能距下課鐘聲響還很久，就提早交卷了。我卻光是看題目，一題一題看下去，到考試終了都還只看了大約三分之二，這樣的我怎麼考試？

到後來都是看時間快到了，只能胡亂答題，是非題選擇題任意填寫，問答題也是亂寫。

慘不忍睹的成績，就算教師看我可憐想放水也沒辦法，結論就是我高中學分無法通過，無法拿到畢業證書。

　　雖然我還是可以用同等學歷去考大學，我也抱著試試看搞不好可以矇到甚麼學校的心態去應試。但現實是殘酷的，沒有實力就是沒有實力，何況那個年代不像現代大學錄取率可說是 100%，那年代大學被稱為窄門，就真的很窄，而像我這樣的人，真的就是無法擠得進去。

　　到這樣的地步，我的父親似乎也已經放棄了。印象中，他知道我終究無法成為林家第一個大學生，反倒沒有像知道我高二那一年被留級時那樣暴跳如雷。

　　他也只能怨嘆，或許這就是命運吧？未來會如何不知道，但至少先去當兵吧！到時候再來看要重考或看有否其他規劃？

　　於是我以準役男身分，經歷了身家調查、體檢、抽籤等當兵前三步驟。

　　那年代，當兵雖說是所謂「轉大人」的重要歷程，但真的要比現代年輕人服兵役要辛苦十倍百倍。有句流行的軍中用語：「合理的要求是訓練、不合理的要求是磨練」，從新訓中心到正式下部隊，過程中種種的煎熬：出操、戰備、站哨，乃至於還有老鳥欺負菜鳥等陋習，讓許多人從入伍第一天就開始覺得好像進入地獄。更且，對許多已有生涯規劃的男生來說，一個讓所有役男視為畏途的

事，就是當兵期間要耗掉兩年青春，若是抽到海軍甚至得當三年兵。

　　無怪乎那時有許多人想方設法想逃避兵役，例如靠著增胖甚至自殘等方式，讓自己體檢不過、不用當兵。

　　那年我倒沒有想過如何避開兵役這件事。

　　當時父親和我心中想的只是：最好只當兩年兵，千萬不要抽到三年兵，那就很心滿意足了。

　　但後來的事情發展，超乎我們全家人的意料。

### ◇ 乙等體位的弱視男

　　那時我去體檢，如同前面所說的，那年代很多年輕人會想方設法要逃避兵役，但軍方自然也不是省油的燈，會採取更嚴格的規範措施。並且有時候，根本就是用防賊的心態來看待做體檢的人。

　　結果那些想偷雞摸魚的人，反倒因此害到了像我這樣真正身體出狀況的人。

　　當時在兵役體檢站，照例會檢查視力，而我的視力也的確不行，我就算戴眼鏡，也只能看到0.2。

　　明明我明顯視力很差，並且我也跟護士反映，我真的覺得我眼睛有問題。可是護士當時只是不置可否地，要我

去一旁的軍醫那邊報到。在驗光室，醫師行禮如儀地，就是先看左眼再看右眼，也沒有做甚麼深入的追問，就只是填個數據，接著就在體檢單上用印，蓋上【乙等體位】的章。

我甚至還不被歸類為丙等體位，而是那時大部分人都會被歸類的乙等體位。

既然被這樣判定了，就只好乖乖去抽籤等分配。

父親當時有陪我去，我們那一個兵站，共有五百支籤，其中四百支是陸軍籤，八十支是海軍籤，只剩二十支是類似後勤憲兵那類的籤。

父親原本要幫我抽籤，但忽然想起，他自己當年是抽到海軍陸戰隊，所以其實他的籤運並不算好。雖然我是乙等體位，不夠資格去海軍陸戰隊，但他覺得保險點，還是不要去沾那個籤，免得跟「海」脫離不了關係。

他就跟我說，要我自己抽，反正抽到兩年兵的機率高達 80% 以上，我應該不會那麼衰，抽到海軍吧？

再次地，莫非定律生效了。越不想要的東西，偏偏就讓我們碰到：我當時一拿起籤，一旁軍官高聲唸出來：海軍艦艇兵。

那代表著，我接著有整整三年要當兵為國效勞。

其實當年如果我有去當兵的話，那一屆剛好就是三年義務役期制度的最後一年。當然，我後來不必去當兵了，那是後話。總之當天知道抽籤結果後，連嚴肅的父親，臉色都一下子垮下來，家中的長子將要離家三年，他似乎不太能接受。

　　由於高中唸了四年，那年我也快二十歲了，在等兵單的那段時間，父親就要我去找個差事，不要賦閒在家。

　　剛好父親有個朋友開了家打字行，這個產業現在也還有，大約就是幫人們謄打錄音檔、會議記錄等等的，在當年電腦尚未普及年代，打字行還是鉛字排版作業，業務非常繁忙，各行各業都需要打字。而父親那個朋友剛好需要一個外勤人員，我就去接手那個工作。

　　這算是我這輩子第一份社會差事。那時還是假設我是明眼人的前提下，才有這份工作的。但其實我那時的狀況已經不適合這個工作。

　　首先，外勤人員，顧名思義就是每天要跑外務，那當然不是靠雙腿，而是要騎機車，而我根本沒機車駕照，因為我的視力過不了關。

　　不過騎機車我倒是沒問題，我的父親自己愛騎重型機車，我少年時代他就已經教會我騎車了。

　　於是雖然沒駕照，父親就只是交代我：「騎車騎慢點啊！」

　　就這樣我有大約三個月時間就在那家打字行協助送貨。

　　但我不適合這個行業，除了沒駕照外，還有一個更大的原因：我根本看不清楚文件。這帶來的結果就是，我再怎麼認真，不免還是經常會因為看不清楚，而把文件送錯地點。特別是那年代，排版底稿是放在暗房裡，一般人進到暗房，眼睛需要一段時間調適，讓瞳孔放大。但對我來說，我一進暗房真的就是一片黑，甚麼都看不到。相對來說，從暗房出來，外頭光線又刺激著我眼睛完全睜不開。

　　無論如何，雖然我狀況連連，但可能打字行老闆就想說：反正我只是當兵前來幫個忙，就不必計較太多了。於是我還是繼續在那待下去。


　　直到那一天我發生了一場車禍。

　　那場車禍，大大的改變了我的人生，也改變了我與家人互動的關係。

## Chapter.4

# 看見

Hey 親愛的我跟你說

昨天夜裡又夢見你的笑臉

Hey 親愛的你聽我說

無論時間過了多久 我還映著你的美麗

從不曾忘記要好好照顧你

雖然路還很長 也要一起走下去

　　過了十八歲後，我已算是個成年人，我有我要面對的更多人生課題，例如找工作謀生，例如娶個好女孩，例如建立一個屬於自己家。

　　希望在屬於我的溫馨家裡，夫妻跟孩子和樂融融，不用再每天擔憂下一餐在哪裡，不必再好幾個人擠一間房間。

　　也許天氣好的時候，我還可以牽著妻子的手，一起去賞花以及看夕陽。

曾經這些都是我的夢想，直到忽然聽到晴天霹靂般的
訊息：我即將看不見了⋯⋯


◈ **晴天霹靂般的噩耗**

　　說起來很難相信，一個伴隨著我一輩子的病症，竟然
到了那麼晚才被發現。

　　在等待兵單到臨前的那幾個月，我在父親朋友的打字
行打工。雖然狀況頻仍，經常有送錯件的情事，老闆也只
是搖一搖頭，而我也繼續每天無照駕駛上下班。

　　出車禍那天，是個風雨交加的夜晚，天色昏暗但我還
是看得到燈號，純粹是因為變燈時我太急著趕回家，所以
啟動太快，擦撞到我前面一輛腳踏車。

　　因為是擦撞，那位騎車的先生只有擦挫傷，還可以站
起來揪住我。我是個做事負責的人，當下也立刻把機車停
一旁，伴隨他去附近的和平醫院。當然，同時間也打公
共電話回家跟家人求救，說我撞到人了，父親也很快地趕
過來。

　　那時我比較擔心的，不是受傷賠償，反而是無照駕駛
還肇事，若報警吃上罰單，光罰金就超過我一個月薪水，
我可真的賠不起。

　　以結果來說，父親跟對方談成和解，畢竟我從頭到尾

態度都很好，甚至對方的家人後來還偷偷問我父親，你兒子今年幾歲有沒有女朋友？這家人正好有一個跟我年紀相當的女兒，他們覺得我看起來外型不錯，人又老實，感覺是適合當女婿的人。

這個車禍帶來的真正大影響，是在接下來幾天。

我在上班期間出事了，老闆當然也感到內疚，父親也過去打字行關心我工作情況。他們本來就是朋友了，談話可以不用太客套。

老闆就跟我父親說：「信宏這個孩子啊！做事認真也很有禮貌，不過老實說，他經常漏東漏西的，工作效率有待加強。」

然後話鋒一轉，老闆問我父親：「你應該知道你兒子眼睛不太對勁吧？他不是準備要去當兵了嗎？聽說還是海軍。你都不擔心他視力不好，若在海上出甚麼狀況，到時該怎麼辦？」

一語驚醒夢中人，父親心想：對喔！兒子要當兵了，眼睛的事還是要好好處理。

說起來，這就是看事情角度的問題，這也是我後來不論在職場上或在生活互動上的深刻體悟：**每個人往往長期以既定角度看事情，習以為常，不免忘了我們可以用不同的角度來看事情。**

以父親的角度，我是他的兒子，他關心我的就是：

生活過得怎麼樣？有沒有吃飽？總之就是屬於家人式的
關懷。

反倒以老闆的角度，會看到務實的一面，畢竟他花錢
請員工幫他做事，重視的是這個人做事有沒有效率。如果
沒效率的話，到底是為什麼？

是啊！我到底為什麼從唸書時代到如今到社會工作，
都經常出包？

一個關鍵點，自然是我的眼睛。

也就是直到那一年，當時我已經二十歲了，家人才想
到應該帶我去醫院做詳細檢查。

那時打聽到中興醫院有個眼科主任風評很好，於是父
親親自陪我去醫院找主任。這回就不再像當初兵役體檢
時，只是草草做個左右眼驗光就了事，而是透過精密儀器
仔細檢查，還做了眼底攝影。

然後醫師就事論事不帶感情的宣布答案：

「林先生，根據我們的檢查報告，很遺憾地，你的兒
子罹患的是遺傳性視網膜病變。這個病以現代的醫學技術
來說，不可逆，也就是無藥可醫。一旦發病，就只會一天
天嚴重，直到完全失明為止。」

當下我和父親全都愣在那裡。

終於，過往的種種一切：上課看不清楚黑板、閱讀書
本很辛苦很容易累、怎麼配鏡片都還是無法提升視力、工

作上常出錯……都有了原因。

醫師當時說完宣判結果，就要我們離開，他接著要看下一個病人。也沒多做說明或給予我們甚麼後續該做甚麼的指引。

我和父親驚魂未定，感覺麻木地往外頭走。

當時我心中唯一有的就是世界末日的感覺，從小到大的學習經驗沒有教我怎麼面對這樣的打擊，我甚至連悲傷或恐懼都沒有，就只是一種好像作夢般的不真實感。

而當時走在我前面的父親，步履蹣跚，不發一語。

忽然，他回過頭來看著我，那瞬間，我看到父親的眼神，迷離憂傷甚至有些無助。他甚麼都不必說，我已經知道他心裡在想甚麼：

「對不起！這麼多年來，我錯怪你了」

◈ **一家人深深的憂傷**

一個人可以承受多少的壓力？當一個人面臨超級強烈的震撼，一種大到你全然無力可以抗衡的打擊，你能夠怎麼樣？

我不能怎麼樣。當你所以為的世界已經整個被顛覆，

當你原本編織的種種未來都已然不可能發生，你還能怎樣？

　　除了行屍走肉等著註定的悲劇降臨，我已經真的不知道我可以做甚麼了。


　　而對父親那邊來說，他自然做甚麼也都無法挽回我遭遇絕症的命運。但他還是試著想要亡羊補牢，至少以他自以為可以做到的補償：就是設法對我好一點。就好像把我當成即將失去一切的人般，盡量的看能否用行動彌補些甚麼？

　　奇怪的是，當我不得不接受我的厄運時，我反倒沒那麼害怕，我不但沒有像家人擔心的我可能會想不開或情緒激動之類的，我反而還可以去思考家人的想法。我知道父親在想甚麼：

　　那些年，每次學校成績很不好，他對我的責罵；

　　多少次，我稍有不如他的意，他就暴怒甚至對我拳腳相向；

　　一次又一次的，他凶狠對我，並且看著我在他面前發抖

　　……

　　心痛啊！對我來說，那些都是往事，過去就過去了。但對父親來說，卻是剛剛升起的強烈折磨：他後悔不已，

他不斷自責，我可憐的孩子，你都已經這樣子了，我以前還對你那麼嚴厲。

我甚至也想安慰他，但我不知從何說起，畢竟，父親也並沒有開口說出他很後悔這類的話。

他和家人就只是用行動表示：能對我好就盡量對我好。


總之，從那天起，我在家中的待遇就跟以前有天壤之別。

這其實反倒令我更痛苦。


好比說，用餐時間，我照例坐在我的位置上邊扒飯，邊想夾菜。我筷子剛準備要伸出去，父親就很緊張地問：你要夾這盤菜嗎？來我幫你夾。或者，吃完飯想盛個湯，家人也很怕怠慢到我似的，要湯嗎？來我幫你盛。

實在說這反而讓我很尷尬。明明我自己還可以做到的事，他們卻把我當成像重病無法自理的人般想照顧我，可是我不需要你們這樣啊！家人彼此間的關係也生疏了起來，後來父親還做了一個特殊舉動：

從前我們學生時代，他有時候發酒瘋就會把我們幾個孩子集合起來訓話。這回他沒喝酒，反倒他很清醒也很嚴肅地集合大家。那時阿公已經過世，阿嬤年紀大了在房裡

休息，他集合了我媽媽以及家中四個孩子。鄭重地宣布：

「從今天起，你們每個人都是信宏跟信廷的眼睛，他們要幹嘛，你們都要幫忙，他們有甚麼需要，你們不准說不要喔！就是一輩子要照顧，不能說不要、不知道！」

阿宏是我，阿廷則是我的小弟弟。後來全家都去做檢查，證實弟弟也跟我一樣，罹患了無藥可醫的遺傳性視網膜病變。

這個隔代遺傳的疾病，基因可能來自母系，我阿公阿嬤外公外婆，以及其他由我往上兩代的直系血親都沒問題，但我有一個舅舅有這個病症，還有一個表哥也是。到今天我所知道的我們整個家族體系，就只有四個人有這樣不幸的遺傳。而在我家，我和小弟弟都是從出生就已得病，注定了走向失明的路。

那天父親除了規定大家「一輩子」要照顧我外，還很少見地說出很感性的話，甚至邊說還邊留下男兒淚。

他說：「爸沒用，沒有好好照顧你們。但請等著，我相信未來有一天醫學會更發達，到那時候如果可以，我願意接受醫學手術，把我的兩隻眼睛，一隻給阿宏，一隻給阿廷，至少讓你們每個人都各有一隻眼睛還看得到東西。而我也能體會眼睛看不見的感覺。」

那時我心裡想著，爸，你不需要這樣，你對我們的

好，我們是知道的。雖然你的 EQ 是出名的低，可是從小到大，我知道你已經盡力想照養我們，你只是不懂得如何把愛表達出來。

是的，我知道的，在兇狠的外表下，父親，你是全世界最愛我的人。

那一回全家人都哭了，身為即將失明的當事人，我更是感到傷心欲絕。但我哭得不只是我命中注定這樣悲慘的未來，我也感受到家人的愛，那種大家同在一條苦難的船上，彼此相擁的無奈以及深深的憂傷。

◆ **我是全天下最可憐的人**

有時候，除了基因，命運好像也會遺傳。

我們都說我的父親，因為從小就被阿公阿嬤寵壞了，導致他後來變成一個養尊處優的大男人。

可是後來我也是這樣，有一陣子我變成一個被寵壞的人。

知道我得了遺傳性的視網膜病變，我在家中的地位改變了。

那時父親不是交代說：「我如果想要甚麼，大家不准說不要」嗎？

我心裡也的確想著，是的，我是可憐的病人，你們都要對我好一點，畢竟你們都那麼幸福，有健康的視力，對我好是應該的。

　　原本生病就容易讓一個人自怨自艾，加上家裡又上演那一齣感性的關懷劇，我也就是相當入戲，真的想扮演一個「大家都欠我，大家都必須愛我」的人。

　　反正我就是「很可憐」就對了。


　　那時候，被醫院宣告我眼睛這樣嚴重的狀況後，父親也拿了醫生證明，去兵役處幫我申請了不用服兵役。而我一時間待在家裡也不知道可以做甚麼。

　　那就當作我還在療傷吧！那陣子我在家也無所事事。

　　想起高中時期那段下課後，跟著同學唱歌的日子，心想怎樣可以化解心中哀愁？不如就來唱唱歌吧！

　　於是我就去買了把吉他，還記得當年是在中山北路和忠孝西路旁的金手指音樂器材行，這家店到今天也還在。我當時用我在打字行跑外務賺的錢，買了把約兩千元的吉他，也買了一些吉他教學讀本，自己想要學彈吉他。

　　為何要自學而不去找專業老師指導呢？一個原因自然是經濟問題，我們可沒錢負擔昂貴的學費，更主要原因還是我內心的自卑。

　　得知自己即將失明的我，覺得人生已經整個黑暗，這

樣的我根本不敢讓人知道我是如何淒慘。特別是對我認識的老同學，我也羞於去聯繫，不想被問起怎麼沒去當兵啊？大學考上哪裡啊？…這類問題、不想讓他們表面安慰我背地裡卻嘲笑我。

我甚至很可笑地，把所有從小學到中學的畢業紀念冊通通拿出來撕毀，彷彿以為這樣就可以斷掉所有的通聯資訊。當然那只是我的自我發洩，實際上同學想要聯絡我還是可以聯絡我。

我當時就是那麼自卑，要學吉他也不可能去拜師學藝，因為到時候一定又會碰到老問題：我看不清楚老師的教學內容。然後又得被問到：你怎麼啦？為何看不清楚？我真的再也不想有這類的對話，我厭惡一切的同情、悲憫，我不想成為那個被說可憐被說是一輩子完蛋的人。

所以我只能一個人學琴，自己買吉他、買教本、買琴譜，也買了練習彈唱的旋律卡帶。

每天我像個鴕鳥般，躲在家裡想自己療傷，我自己不想去接觸這世界，卻又遷怒這世界對不起我。

有一天，吉他彈著彈著，有根弦斷了。我想去金手指樂器行買弦。

父親不是有交代我若有甚麼需要，家人都要幫我嗎？當時大弟弟在家，我就去跟他說：「弟，我的吉他弦斷了，載我去買弦。」

大弟弟當時正在看電視劇，可能剛看一個段落正是精采時候，我在旁邊說要出門買弦，他只是繼續目不轉睛盯著電視，說：「好，但先讓我看完這個節目！」

　　當時我就一股無名的怒氣湧上來，心想：不是說大家都得幫我嗎？

　　我就持續的催：「可是我現在就想買弦啊！」

　　「等一下啦！等一下再去」

　　我繼續催我弟弟，他還是屁股黏在椅子上，說等一下等一下。

　　這時我氣憤到極點，覺得我被背叛了。

　　好，你沒空載我去。我自己去，難道真的一定要靠你嗎？

　　我就賭氣穿好鞋自個兒出門。

　　那時我還是看得到東西，只是視力很差而已（大約0.2吧！），從我家萬華近西門町這邊，要到位於台北車站旁的金手指樂器行，用走路還是可以走到的，只是要走一大段路，大約花半個多小時吧！

　　記得那時我就邊走邊哭，好像覺得自己被家人遺棄般。總之因為自卑自憐，我把甚麼情緒都放得很大。

　　邊走邊自言自語：你們都這樣對我啦！這世界大家都

不要我了啦！我是最沒用，連低聲下氣苦苦哀求家人，弟弟都還是這樣對我！

越想越覺得自己真是天地間最最可憐的人。

那時候我已經把自己貼了標籤了：「林信宏就等於是可憐人」

也因為這樣的標籤，我根本讓自己無法翻身，上天沒有一定要我跌到谷底，是我自己決定我要把自己留在谷底。

就這樣，我抱著低迷的心，迎向原本該是最青春美好的青年時光。

### ◈ 成為一個看不到未來的工友

再怎麼可憐，我的人生還是一樣必須做些抉擇。

一個迫在眼前的抉擇：我是要繼續窩在家裡，成為全家人一輩子的負擔？還是可以做點甚麼事，好歹讓自己「有用」點？

老實說，當時我甚麼想法都沒有。畢竟，我過往沒有當過盲人的經驗啊！

當時家中主要的經濟來源就是我阿嬤，後來為我找到

新生機的也是她。

阿嬤的頭腦總是很冷靜，也很精明善於觀察機會。她抓住兩個事實：第一、我的弟弟妹妹都還在唸書，這個家經濟真的不佳，也不可能還特別去照顧當時弱視的我。第二、 我雖然眼睛不好，那時還是看得到東西，只要不是盲人，就還是可以申請一些工作，包括明眼人可以做的工作。

那時她透過內部消息，知曉她所服務的警大有工友缺，趁學校還沒對外做招募，就立刻透過關係幫我引薦。

畢竟不是甚麼重大的工作或肥缺，只是當個工友，因此阿嬤的引介被校方接受了，於是我找到工作了，每天去桃園龜山上班。

我成為警大有史以來，甚至也可能是全台各院校有史以來，年紀最輕的工友，當時我才 20 歲。

而我整整在那個崗位服務了十三年。

那年是民國 79 年，三月我就去警察大學公共安全系報到。

工友要做甚麼？其實我的工作很簡單，十幾年來變化也不大。基本上就是個混口飯吃的活計。不是我瞧不起工友這行業，而是以收入來說，就真的只是讓自己有份收入，至少讓自己可以不要成為家中的負擔。

　　關於我這十多年來的工作內容，真的就是幾行字就可以敘述完畢，這是那種就算離職想交接，可能十分鐘就可以交接完，甚至不需要交接，任何人，包括沒讀過書的人也都可以很快承接的工作。

　　每個系都有專屬的工友，簡單說就是照顧好該系從系主任到助教的每個教職員，重點是服侍好他們的需要，以及清理環境。

　　也許一般人很少聽過工友介紹自己的工作吧？畢竟似乎沒聽過有工友出過書，那我這裡也順便來分享一下「工作內容」吧！

　　每天要比教職員更早去到學校，先去警衛室拿當天的報紙，共五份：中時、聯合、中央、China Post，還有青年戰士報。拿回系辦公室整齊的夾好放在報架上。接著依照每個教職員的習慣，備好茶水。像是系主任有專屬的保溫杯，要幫他泡好熱茶。當然前一天的杯子也都要好好洗過。

　　還有每個辦公桌上，要放個小方巾，這個要搓洗乾淨擰乾，放好在桌上。

　　之後就是各類跑腿的工作了，好比誰誰誰要買包菸。是，長官。

　　誰誰誰要我去送公文。是，長官。還有誰誰誰要我留意今天有誰可能來電。是，長官。此外就是處理倒垃圾，

各種機動修繕等雜務。

　　說忙也不是頂忙，主要是機動性質，沒事就在辦公室等著接電話。

　　「忙」到大約下午四點就準備下班了，身為工友當然不需要甚麼加班，我都是準時可以搭四點四十五分那班交通車回台北。


　　在校內我是與阿嬤相依為命，中午大約十一點多，甚麼事都忙完了，教授們也都在上課吧！反正不會有人特別找我。那時我就去學校的縫紉部找阿嬤，她在那裡備有一個小電鍋，每天就簡單的煮個飯，可能放些肉，還有一個菜湯，兩人一起邊吃飯邊聊天，飯後洗碗。接著我都還有時間可以睡個午覺。

　　要說是一份與世無爭的工作也可以，要說是一份自暴自棄的工作也可以。不像一個健康年輕人，可能只把這裡當成過渡站，將來還有甚麼轉職企盼。我當時真的是完全沒有去想甚麼未來。畢竟，我都覺得老天已經放棄我了，我就是個殘障人士嘛！想甚麼未來？自討苦吃。

　　就得過且過的每天陪著阿嬤。日子甚至可以說是悠閒的，乃至於我上班沒一兩年，體重就暴增了十公斤。


　　後來我的弟弟，也跟我走向一樣命運。同樣也是有賴

阿嬤的引薦，我們兩個都在警察大學擔任工友，自從弟弟進來後，學校最年輕的工友換成是他了。

兩個同病相憐的視網膜病變患者，兩個沒有未來的年輕人。

似乎這個故事很難再寫下去了，感覺上已經看不到前景，也沒甚麼好說了。

那時候唯一可以在這樣平淡無趣的日子裡帶來一陣漣漪的，就是愛情了。

大約二十二歲那年，我，戀愛了。

# Chapter.5

............................................................................

# 愛的箴言

我將真心付給了你　悲傷留給我自己

當你覺得人生很慘的時候，以為再不可能更慘了。但其實，只要心態不改，就還是可能發生更慘的事。

你事業出狀況了，很慘。你健康亮紅燈了，很慘。

你沒錢沒勢甚麼都沒有，很慘。

但一個真正讓人覺得悲慘，經常是痛徹心扉，痛到讓你甚麼都不想要了，覺得甚麼其他事都沒有意義了，這樣的痛，往往來自愛情。

再怎麼悲慘，都比不上內心受傷的慘。

那年我遇到了人生的幸福，卻也在後來幸福遠離了我。

眼睛失明已經是黑暗，但失去愛情，更是全世界都變黑暗。

### ◈ 那個甚麼事都做不好的小林

一個即將失明的人，一個只靠微薄收入的工友。可以有愛情嗎？

並且我還是個效率很差的工友，也就是我是個連最簡單的事情都做不好的可憐人。

我當時多無能呢！實在說，不是我工作態度有問題，真的就是我眼睛有狀況。

我最常出狀況的地方，讀者可以想像的：只要必須用眼睛判別的事情，我就很容易出狀況。

主要就公文收發的時候。比方說我到祕書處要拿我系上辦公室的公文，我看不清楚比較小的字，也就很難分辨哪些是我要拿的公文。由於幾個不同系的工友間彼此感情都還不錯，基本上他們都會幫我忙，幫我挑出我系上的公文，讓我簽名拿走。但難免也會碰到人家在忙的時候，那時對方就會不耐煩，甚至說沒空理裡我，或者有時候幫忙卻幫得很草率，給我的公文不是我系上的，亦或大家忙中有錯，總之當我拿回系上了，卻不是我系上的公文，不免被長官唸一頓。

其實在警察大學待久了，大部分人也知道我眼睛有狀況，只不過我外表看起來就是跟一般人無異，走路也不需

拿手杖之類的，有時大家還會忘記我弱視，情緒一來還是會凶我一頓，至於比較新來的教職員，更是初始會對我很不諒解，畢竟我也不能在身上掛個牌子昭告天下說：「我是視障人士，請多多包容」。

就連掃地這種很簡單，不需要學歷大家都能做的事，我也做不好。

例如可能教授交代：小林啊！下午有客人來要在會議室開會。你趕快去把會議室打掃整理一下。

是！是！是！我立刻去辦。

掃地看似簡單，問題是：我連髒東西在哪都看不清楚。

怎麼辦？既然不知道哪裡髒，我就只好全部都掃。那代表著我掃個地要比一般人要花更多時間。

好比一進會議室，那個桌椅還沒擺上的空間，是一個大大的空間。我看不到哪裡髒，只能在心中為整個空間畫出假想的線條，然後可能把整個大空間區隔成十個小空間，然後一個個空間去掃。

這樣挺累的，無論如何，花了一段時間汗流浹背地，我每個小空間去打掃過了，應該沒問題了。趕快去跟教授報告，我掃完了。

結果教授來檢查，立刻不高興的質問：「不是說掃完了嗎？」

我帶點不解的回答：「對啊！我剛花很多功夫掃完了。」

「那這是甚麼？」教授指的地上一團我看不清楚的灰塵。

原來我雖自己設定十個小空間打掃法，實際上當然沒有那樣的界線，當我在打掃時，也不可能真的每個空間都掃到，有可能某個空間我掃過兩次，我也分辨不出來。於是就難免有漏掉沒掃到的。

明明付出比別人多的努力，得到的結果卻被說是你根本沒做事。

那種打擊真的很大。

但還是那句話：我真的看不清楚，實在很無奈。


其他生活中，像是走在路上，沒去招惹人，後來卻被說「那個年輕人小林，怎麼那麼目中無人，跟他打招呼，竟然理都不理我？」

冤枉啊！我根本就沒看到你有跟我打招呼。


反正這類的事發生頻率很高，但終究工友本就不是一個會被要求很高的職業，所以頂多被唸一唸，沒有人會特地去找這個人麻煩，根本不屑去跟一個工友計較。

被這樣的對待的我，真的只會越自暴自棄，也自我封

閉。我本就看不清楚各種訊息，那時我更是盡量斷絕去跟外界接觸，每天就是固定學校家裡兩地跑。我不想去知道，跟我同年紀的年輕人，有的在唸大學、唸研究所，之後出國深造：或有的已經入社會工作，反正不論從事哪一行，都絕對比我這個工友強。

我甚麼都不想知道。最好大家都不要管我，就讓我窩在這個封閉世界裡，一直待到年老。反正警察大學不會倒，國家會養我一輩子。

這樣的我，理當不可能遇見愛情。

但，終究命運的安排，我還是遇見了愛情。

◈ **一個女孩可能愛上這樣的我嗎？**

基本上，我盡量斷絕與外界的聯繫，不希望我從前的同學來找我，問我近況。也不太會去參加同年齡層的任何聚會。

但有個年齡層我還可以接受，那就比我小一點，也就是高中年紀的學生。

當時我還是偶爾會陪著弟弟，跟著他的同學去郊遊或聚餐活動，因為這些年輕孩子還沒那麼社會化，不會去追

根究底問我太敏感的問題，就算有人問我在哪高就，我只要說我是在警察大學服務，他們就會露出欣羨的眼光，我也不會多做解釋。反正跟這群孩子相處比較沒壓力。

實際上我們年齡上也不算差太多，說起來大家都還是青春正盛的年輕人。

那時就有一些還不算愛情的簡單男女相處經驗，二十歲跟個高中女孩算在交往，但彼此互動幾次就斷了聯繫。那年代還流行結交甚麼乾妹妹，老實說，我長得還算不差，身邊也有兩三個所謂的乾妹妹，但也沒真的燃起甚麼愛情火花。

真正讓我怦然心動，忽然有種被電到的感覺，是在遇到「她」之後。

那回，有一個乾妹妹，邀約幾個朋友假日出去玩。那位乾妹妹本身是台南人，當時寄住在台北的大姊家，後來她的三姊也趁暑假北上住一起，我那天本來在乾妹妹家客廳等，這時一個房間門開啟，走出一個長髮飄逸的女孩。

大家應該都有常看到電視有那種洗髮精的廣告吧？都是那種清新像是仙女下凡一樣的夢幻情境。那天那個開房門出來的女孩，也就是我乾妹妹的三姊，就給我這種感覺。我當下簡直就傻在那裡說不出話來（那時我眼睛還有微弱的視力）。

　　當時如果要我定義甚麼叫美女？那三姝就是典型，這裡我就以「她」來做代稱吧！「她」清新脫俗，穿著紗紡長裙，167 公分的身高，婀娜曼妙，無論氣質談吐或者一顰一笑，都讓人看了不禁陶醉。

　　我第一秒就觸電，第一秒就知道我戀愛了。

　　幸運的是，那天出遊後，她也對我有好感。甚至後來知道我的情況，也依然願意跟我在一起。

　　天啊！老天有眼。總算上天在奪走我的視力、奪走我的學歷、也奪走了我的人生後，總算賞賜給我珍寶了。

　　當時我是這樣想的。

　　要知道，當時除了愛情這件事，我人生各個面向都很糟，甚至可以說很慘的。

　　要錢沒錢，要未來也沒未來。

　　我的薪水很微薄，並且即便已經那麼微薄，那錢也還不算我的。從小我就是家中聽話的乖乖牌。包括當年我在打字行做外務，以及後來在警察大學當工友，每個月的薪水袋，我都是原封不動，先雙手奉上給父親。然後父親再從中抽出幾張鈔票當做我的生活費。

　　在警大實習三個月，拿的是薪水袋，後來成為正職員工，薪水匯到戶頭。同樣地，帳戶不在我手上，我甚至看

不到裏頭有多少錢。一切經濟由父親掌控，甚至很有趣的，隨著年資增加，我多多少少薪水會提升，父親還會相應的幫我「加薪」，給我多一點零用錢。

這樣的日子長達八年，可以說在我三十歲前，就算我自己賺的錢也不是由我所掌控。

而這樣的我，身上可用的錢本就不多了，還加上有時候我會很好心的，像我大弟弟個性有點叛逆，常會跟家人起衝突，當年當完兵回來，說想要自立門戶創業開打字行，父親不想支助他，是我這個身為哥哥的不忍心他失望，把自己存的錢投資他，這錢後來也是有去無回。

總之，我就是個貧窮的男孩，並且還是個看不到未來的人。

不只我自己，也包括我的家庭。

那時父親還是老毛病，經常呼朋引伴在家裡喝酒聚會唱卡拉 OK，但我看到他這樣子心裡感到生氣，並且有種絕望無助。如果說，我們辛辛苦苦在外面賺的錢，就算錢不多，也努力貢獻給了家人，總希望這些錢可以產生甚麼價值吧？

這些錢絕不該是要被這樣喝酒浪費掉的。父親給我的感覺，這個家現在是如此的淒慘，而照這樣的情況看，二十年後也依然不可能改變，甚至只會更慘不會更好。

我怎麼可能不會絕望？

我當時的生活實況：在我國中時候，舉家就已搬到南寧路，因為地被徵收，那個房子格局很奇特，像個三角形，最寬的地方大約有兩個店面那麼寬，最窄的地方，卻窄到我把手臂伸展開來就差不多可以觸碰到兩邊牆壁。而我當時睡覺的地方，是在小閣樓，甚至我要彎下腰才能走進去。

很難想像，我到了快三十歲年紀的時候，都還是跟兩個弟弟，窩在那樣狹窄的閣樓。標準的冬冷夏熱，颱風或下豪雨時候，天花板還會滴水。

這就是我的生活。而一個女孩就算愛著我，她可以接受這樣的生活嗎？

果然，後來我們的戀情很快就生變了。

### ◇ 抓住妳這塊浮木，我不想放手

愛情對當時的我來說是重要的，甚至可以說是救命的稻草。

讀者可以想像我情況，如同前述，我的家境如此悲慘看不到希望，我到三十歲還跟弟弟擠在狹窄的閣樓。我自

己因為眼睛狀況，也不可能有甚麼好的職涯未來。沒有財富、沒有本事、沒有事業，甚至連基本的視力都沒有，我就像個在茫茫大海漂流即將沒頂的人。

這樣的人好不容易抓到一根名為愛情的浮木，我會怎樣？

當然是死命地抓住，絕不放手。


初始我跟「她」在一起甚麼都好。不是有句話說：「愛情是盲目的嗎？」

對我來說，這句話還真是雙重適用。

也的確那時我們是真心彼此相愛的，原本只是北上找姊姊的「她」，後來為了跟我在一起，改為在台北找工作，住了下來。

在戀人眼中除了對方的存在，容不下任何其他聲音。兩個人彼此外表是郎才女貌（說真的，我年輕時長得還不差），並且我們的心是熾熱的，都願意敞開心胸為對方付出。

愛情真是美好啊！但可惜甜蜜時光只有半年。


有人說愛情就像是包了糖衣的毒藥，第一口咬下去總是美好的，但後來終究會嚐到毒藥。

毒藥是甚麼呢？就是「現實」。

　　「她」本是真心待我的，但愛情終究不能當飯吃，何況，「她」並不是一個人，「她」背後還有「她」的家庭。

　　做父母的，乃至於她身邊的親友，自然會關心她的終身大事。

　　妳戀愛了，很幸福吧？對方是怎樣的人啊？

　　然後呢？「她」要怎麼回答？

　　他在哪高就啊？……他目前在警察大學擔任工友。

　　他有錢有房嗎？........他沒錢沒房，晚上是睡在閣樓裡

　　對了，怎麼覺得他眼睛怪怪的？.........是的，他眼睛得了病變，有朝一日會失明。


　　這樣的對話，「她」可以承受嗎？熱戀時還可以，但時間久了，加上身邊人一再地勸阻，終究「她」這樣一個條件那麼好的女孩，也禁不起閒言閒語日日轟炸。終於「她」動搖了。

　　重點是：在「她」對未來感到惶恐，既愛我又怕傷害到我，不知道怎麼走下去的時候。身為一個男孩，我不僅沒有給「她」一個擁抱，沒能當「她」可以安全躺臥的靠山。反而在「她」徬徨的時候，只會告訴「她」，不要去管別人的想法啦！只要我們兩人快樂就好。

　　問題是真的可以「快樂久久」嗎？

日後想想，我當時的心態太過自我，缺少同理心，我只把「她」當成是我人生中一個浮木，卻不去想「她」對未來會感到害怕。

　　「她」是個溫柔的女孩，正因為如此，「她」不忍心傷害我。結果反倒這成為我可以利用她的弱點，每當她感到猶豫甚至退縮時，我就展現出「難道她忍心拋下這麼可憐的我」這樣的態勢（以現代術語來講，就叫做情緒勒索）。她也每次就這樣不忍心，又留下來陪我。

　　可是終究，「她」的心漸漸想離開，最終她只是不知道該怎麼和我切斷。而我卻不明白這個道理。當「她」被逼得一步步退卻後，終於找了一個藉口，要回台南去照顧家人，就此離開台北。

　　聰明的人應該就知道，這是「她」想藉由地理上的距離，設法讓這段情變淡，主因就是因為「她」不想太傷害我。

　　我其實也不是真的不明白，但我就是表明「非她不娶」，硬是不放手。這也帶來後續幾年的痛苦，那種痛苦是一年比一年難受，但即便撐到最後，終究還是要失去的那種痛苦。

　　如果人生再來一次，我想我會更成熟。知道該放手的

就該放手，但還是那句話：當一個人心態不改，命運就難以更改。

當年我的心態就是自艾自憐，覺得我是弱勢人家，別人都該善待我。我就是抓住一塊浮木，怎樣都不放手，也不管他人感受的人。

可是愛情不是強求可得的。就算我不放手，浮木終究還是會被浪沖走，離開我。而到那時候，只把一切希望都寄託在這塊浮木的我，結局只會更慘。

### ◈ 墜落到黑暗

即將進入本書上篇的尾聲，在從黑暗轉向光明的時候，就來述說這最後一段的黑暗吧！

那真的是我人生的最低谷了，一場痛徹心扉的經歷。

那年我才二十幾歲，卻可憐到人生沒有其他目標，也胸無大志，我最大的寄望全在「她」身上。日後想想，這該帶給她多大的壓力啊！但當時我不管，我覺得「她」是上天可憐我賜予我的恩賜，怎麼可以離開我？

所以當「她」逃到台南去，我假裝不知道「她」是逃，就只把這當成遠距離戀愛。而她也真的心腸太軟，某

個方面來說，「她」的不忍反倒延長了我的痛苦。

遠距離戀愛，既傷心又傷財。

可以說那段時間，父親給我的少數零用錢，大部分都花在這段愛情上，每個月的電話費都好幾千，每次收到帳單，父親都會暴怒，說我把家裡錢都花光了。還有每個月利用假日我會搭車去台南，甚至碰到特殊狀況，好比吵架吵到「她」不理我了，我會嚇到趕快請假去南部跟「她」道歉求和。

這樣的日子長達三年，我真的很痛苦，一方面是身體疲勞，南北奔波，可能回台北已深夜，第二天一大早要準時上班。另一方面我也知道這個愛情是不對等的，就是說，是我苦苦拖住她，而「她」的心其實已經飄得越來越遠了。

但飄得再怎麼遠，「她」就還是無法狠心斷了我，每次提分手，只要我一哭鬧（是的，當年的我是會哭鬧的），她就心軟。

其實人與人相處，如果最終只能靠著情緒勒索維持住，那已經不叫真愛了。而以為靠著這樣就可以向對方予取予求，這樣的路也很難撐下去。

如果時光可以重來，我可以改善自己的，就是做個成熟的男人，清楚的定下人生計畫，給她一個未來的安穩願

景。但當年我就是已經自我設限「盲人已經沒有前途」，所以我既沒有願景，又想要絆住對方。

無論如何，有時候死纏硬打還是有些效果的，民國81年，我第一次開口跟「她」求婚，「她」沒有拒絕，但當年不巧發生一件事，「她」的阿公過世了，依照傳統習俗，無法舉辦婚禮，所以順理成章延後一年。

民國82年，我再次求婚，「她」也沒有拒絕，但真的又是很不巧，這回「她」的阿嬤過世了。雖然我很失望，但也只能沮喪的說，好吧！再等一年。然後繼續遠距離戀愛。

但到了民國83年，我已經受夠了這樣不斷南北奔波，我說，不管了，這回妳一定要嫁給我。

雖然無奈（我其實也感受到「她」的無奈），這回「她」只好點頭答應了。

天啊！我簡直興奮極了，而我全家人也都欣喜若狂，長子要結婚了。一刻也不延遲，父親立刻透過她的關係，安排重量級人物去南部提親，該做的禮俗也都去備辦妥妥的。

我則是滿心「苦盡甘來」的喜悅，根本也沒去想女方的心情。事實上，我明明看見了，那段時間，每次與「她」見面，看到「她」總是鬱鬱寡歡，結果我不但沒有

去安撫她的心情，反倒還責怪「她」，我們都即將成為夫妻了，幹嘛還擺出這樣的臭臉？

總之我們以為一切塵埃落定，完全沒去注意到背後有風暴已經成形。所有一切該準備的都繼續準備，女方那邊雖不滿意，但這是自家女兒的決定，家人也不好說甚麼。

其實我內心還是有一絲絲不安，總覺得好像有甚麼事快發生。

果然，有一天我接到了台南打來的電話。「她」跟我說「她」外婆過世了。這回我不願再等了，我跟「她」說，不管妳一定要嫁給我，我知道有親人過世妳很難過，但民間也有所謂「百日」的習俗。就是說家中有人過世，還是可以在百日內成婚，甚至還可以沖喜。

我跟「她」說，前兩回就算了，但這回妳已經親口答應要嫁給我。妳不能辜負我。

我都這樣說了，「她」是個善良的人，也只能說，好吧！

就這樣，我們家繼續充滿期待的等待迎娶新娘。

直到那天我接到了一通電話，電話那頭「她」告訴我，對不起，「她」還是覺得無法嫁給我。對不起，真的

做不到。

　那瞬間，我整個心像被急凍，整個世界崩塌了。


　我墜入絕對的黑暗。

　這樣的我，可以重生嗎？

　我墜落著、墜落著、墜落著⋯⋯

# 黑暗中的光明

# Chapter.6

# 熱線你和我

這是一條情感的細流 聯繫你和我

是否人在這個世間，手中永遠要握有一條通往哪裡的線？

如果有一天，你沒有一個人可以聯絡，也沒有任何誰想連絡你，那是不是很可怕很悲哀？

曾經，我是如此惶恐害怕地緊緊抓住那樣的線，畢竟我情有可原啊！我是失明者，我是落魄人，我可以說是一無所有的、全世界最可憐的人。我緊緊握住所有可能的線頭，並不為過啊！你們都不要拋下我啊！

**於是越依賴越害怕，越害怕我就越依賴。**

**直到我發現所有的線都是通往虛無縹緲的，除非你能賦予這些線真正的意義。直到我終於認真用心去看見，我可以主動拋出線去關懷別人，而不是依賴著別人丟給我的**

線而苟活。

那樣的日子，我失明了。但，我反倒看見了。

◈ **醉死了我最好**

曾經在我視力還行的時候，依稀記得在電視或電影中看到這類的劇情：在大喜之日當天，新娘落跑了，搞得新郎及在場一干親友賀客們，焦慮尷尬心碎……。沒想到這麼戲劇化的事，也會發生在自己身上。

當然我的「她」沒那麼狠啦！「她」算是有提前兩周告訴我，嚴格來說，「她」不是落跑新娘，只是帶來的打擊同樣很大。

我們全家人當然都被潑了一盆冷水，畢竟所有親友都已經收到喜帖，我父親的交友圈又那麼廣，可以說方圓幾里內的親友故舊，人人都聽過我父親驕傲的宣布：他才四十出頭年紀，就有機會抱孫當個少年阿公了。其他家人也覺得黯淡的日子中，總算有這麼一件喜事即將發生，個個歡欣鼓舞、喜上眉梢。

但這一切都在一通電話後，所有歡喜瞬間化為烏有。

接著我該怎麼辦呢？老方法：被拒絕了，立刻衝去台南，使出我已經駕輕就熟的一哭二鬧三上吊，反正這三年來我已演出過很多次，總覺得只要我本人在「她」面前演出可憐戲碼，最終還是可以挽回美人心。

但這回這招不靈了，吃了秤砣鐵了心，「她」乾脆避不見面，選擇人間蒸發。而且過往我都已經糾纏「她」那麼久，「她」自然知道我的下一個動作是甚麼！當我奔赴台南「她」家，當然已經找不到「她」了。

那天抱著最後一絲希望，我想著，反正我就賴在「她」家不走，終究可以等到「她」回家吧？到時候再故技重施就好，事情還是有機會挽回的。

只是從白天等到入夜，感性的我還在癡癡企盼，但理性的我早就知道「大勢已去」。曾經最心軟的「她」既然如此決絕地想跟我一刀兩斷，那她肯定已經展現了最後的、不再收回的斷絕意志。

也在那長達十多個小時的枯坐當中，我傷心地回憶起這段日子以來的種種，我知道是我自己太過沉迷於追到佳人的喜悅，完全沒去顧慮她的感受：沒去顧慮她對未來的擔心，也沒去想到說她其實很難接受我這樣的家庭環境，包括她也曾提過她害怕我的父親，這些我都知道，但我都沒去管。

過往三年，上天其實已經一而再再而三暗示我，這是

段孽緣，無法圓滿，要我趕快清醒。但每年我裝作視而不見：她的憂愁我視而不見、她以親人過世為由真正想傳達的背後意思，我也視而不見。

**那年我還沒完全失明，但在那之前，我的心如此的蒙蔽，豈不是已經提早失明？**

終於我知道悲劇已成定局，必須北上返家。

那天絕望的我，真的體會到甚麼叫做萬念俱灰。幾乎可以說，從接到「她」那通電話開始，我的世界已經崩塌。之所以還能勉強站起來走動，因為一來我總得做點甚麼，畢竟「她」是我生命中最後一塊浮木啊！難道我要放棄掙扎直接溺斃嗎？二來，我還有一個必須完成的使命：那就是至少我得通知家人這個噩耗。我知道越晚講，傷害將越大。

那晚回到家我還是甚麼都沒說，我是直到悔婚事件第二天，等去到辦公室後，才從辦公室打電話回家。

電話是母親接的，聽到她聲音的那當下，我本來想說甚麼，卻一陣悲傷湧了上來，剎那間，我聲音哽住了，淚流不止的我，一句話都說不出口，只是不停的哭。

電話那頭的母親，也不需要開口問誰打來的，她其實是我們家最早對這段婚姻有警訊的人，只是看著兒子這樣

一頭熱，她也不方便提醒而已。如今她最擔心的事不幸真的發生了，話筒這端，傳來她親愛的兒子，那令人聽了柔腸寸斷的哀嚎哭泣。

就這樣，我一句話也沒說，只是哭泣，而母親則靜靜地聽著，終於她開口說：「好啦！不要哭了，事情過了就好了。」

母親曾經經歷過大風大浪，見證過家道中落，知道世事無常，很多事無法強求。但那年才二十幾歲的我，只覺得自己已經夠可憐了，還要遭逢這樣的慘事，認為如果真的有上天的話，那連上天也已經拋棄了我。

我真正變得像是行屍走肉，除了日復一日平庸的工友作業，就是在家窩在幽暗的閣樓裡擺廢。原本就因為自卑不太愛講話的我，更是把自己活得很窩囊，落魄到像是天地間一個人人都不要的垃圾。

偶爾放著卡帶，聽著我的偶像齊秦用滄桑的聲音，唱著越聽越悲傷的歌：

窗外又飄著小雨　悄悄的思念著你

連不苟言笑的父親，都知道這段時間要特別讓著我。

從前我最討厭父親的一件事，就是他總愛喝酒且會借酒裝瘋、胡言亂語，但那天父親拿著酒來找我，當他把酒瓶遞給頹廢的我，我只是稍稍抬起頭看了他一眼，然後一

把就把酒瓶奪過來，開口猛灌。喝得太急猛嗆一陣，接著又繼續喝，喝到酒液都沿著下巴滴到地上。伴隨著我不時奪眶而出的眼淚，已分不清孰是酒孰是淚？

不知道我何時醉倒的？反正有時候白天黑夜對我來說也沒太大差別，26歲應該青春正盛，但我覺得我已經提早宣告衰老。

其實原本我就對人生沒有太多期待，是愛情讓我誤以為人生還有一線生機。如今愛情沒了，茫茫大海載浮載沉的我，只有深深沉入黑暗這樣的終局了。

我醉倒在客廳，我希望就這樣醉到天荒地老永遠都不要醒。

但終究還是有人把我給喚醒。

從黑暗翻轉到光明，我人生一個重要貴人出場了。

### ◇ 一語驚醒夢中人

他算是我高中時代的麻吉好友，對像我這般朋友不多的人來說，他是難能可貴的對我不離不棄，就算我再怎麼一事無成，仍舊跟我保持聯絡的人。

相對於我的落魄窘況，他可算是人生勝利組，高中就

懂得開始打工賺錢，當我其他同學還在不同的大學校園中作夢時，他卻已經創業有成，就在台北的精華地段經營著補習班。

他叫陳順基，一個26歲就已經當上老闆的正能量朋友。

那天他像是猛地拉下窗簾般，讓我的心房瞬間撒下白亮亮的陽光。

他先是不顧我鬍子不刮頭髮也沒剃的醉生夢死樣，進來我家就一把拉起我，阿宏！站起來，陪我去吃頓飯。

當我懶懶地跟著他走，他則邊走邊跟我講「心裡話」。

陳順基說，從前大家都忙，他也沒空跟我聊這些，但他覺得受夠了我這樣一副好像世界末日的死樣子。他告訴我：

「阿宏，認識你也有七八年了吧！知道嗎？我暗地裡是佩服你的，真心話：我一直覺得你這個人很聰明，各項能力條件都不差」

「但我知道你在乎的是甚麼！你眼睛的事情，我當然也不能裝作不知道，講些狗屁不通的安慰話。加上你失戀了，會有傷痛這我都知道」

話鋒一轉，他反問我：

「可是阿宏，你有沒有想過，你如果跟著我這樣的正常人在一起感到辛苦，那為什麼不試著去找更多有相同狀況的人呢？好比說，我覺得你可以試試去聯絡一些跟視障相關的機構，他們一定有經驗，知道怎麼協助像你這樣遭遇的人。」

視障社福機構？

日後想想，當我們有任何需要，好比家裡沒菜了要去市場買菜、牙齒發炎要去找牙醫看診……但為何眼睛逐漸失去光明的我，一次也沒想過，要去尋找可以滿足我這方面需求的地方呢？

從我被醫生診斷出視網膜病變，到那年已經過了六年，我以及我的家人，都沒有想過這件事。

其實，那是因為在心理上，我從來不願意承認，我害怕當個「殘障人士」，我的認知裡，如果被貼上「身障」的標籤，那就等於被判刑，被視為一個社會中「沒路用」的人。

而我拒絕去接受這個事實，只想混在正常人的世界中，過一天是一天。既然不敢把自己當成殘障者，下意識的，我平常也不會想去接觸那方面的話題。似乎我以為，「全世界」就只有我跟我弟弟兩個人，是眼睛出問題

的人。

但明明這個世界上，本就有各式各樣的人，台灣盲人也肯定很多（根據衛生福利部網站統計至 110 年視覺障礙人數為 55,463）。

可是我之前從來沒想過要去接觸那個族群，彷彿我不去觸碰，有一天我就不會跟他們一樣似的。

**陳順基的話點醒了我：是的，既然我注定是個盲人，我為什麼不去認識認識這世界其他的盲人呢？看看「正常的盲人」，過著甚麼樣的生活？**

感恩他的一席話，把我拉回了現實人生。我不該眼盲，連心也盲了。而我也真的開始去接觸包含伊甸等機構，並且很驚訝地發現：我開啟了一道通往新世界的門，那兒其實多采多姿，有很多我從前想都想不到的新選擇。

怎樣形容呢？原本的我把自己視為一個在大海中浮浮沉沉的人，我慌張我害怕，為了不要被洪濤淹沒，我四處亂抓，好不容易抓到一根名為愛情的浮木，我就把這當成是我「唯一」的生路。並且我會自己亂解釋：認為愛情是上天對我的「補償」，覺得這是我「應得」的，忘了對方也是個獨立個體，好好的人為何必須為我而活？為何一定要當我的浮木？

結果我緊抓著不放的浮木，終究因為風吹雨打，在我累到精疲力盡時，浮木鬆脫漂走了，越漂越遠。

當我覺得完蛋，要淹死了，一回頭發現我背後竟然有一座島。

　　是啊！有一座島，那島早就在那裡了，是過往的我從來不肯回頭去找。

　　感恩陳順基的提醒，我終於從執迷墮落中醒覺。

　　我游向了那座島。

　　人生中，我第一次認識除了我和弟弟以外的第三個盲人。


◇ **一個全新的世界**

　　26 歲以前，我覺得自己很可憐。一方面因為我在心態上自我設限，想以哀兵策略爭取存活一席之地。二方面也真的，我過往的世界都是明眼人世界，那就好比一隻鵝被丟在雞窩裡，鵝和雞都沒有不好，他們只是「不一樣」，但鵝不知道這件事，因為他沒有去過鵝的世界。

　　終於，我去見識到跟我有相同狀況的人應該要聚集的那個世界，很快地，我認識了第三個、第四個……第十個、第百個盲人。

　　我才終於了解過往的我有多膚淺？有多可笑？

　　原來全世界最可憐的不是我，以前我都以為全世界最可憐的是我，進入盲人世界裡面，卻遇到太多太多比我更

可憐的人。

當然可憐這件事不該拿來做比較，這裡只是對比著我過往可悲的心態，當時才「覺今是而昨非」。

在明眼人世界裡，我這樣的人似乎註定等著要別人來幫助我。

但在這裡，我反倒成為比其他人條件更好，我是有能力幫助別人的那個人。

以我當年的狀況，我嚴重弱視，但尚未失明，比起大多數機構裡的朋友都是盲眼人，我還可以自己看路不需手杖。

而如果說我從前因為視力問題就覺世界末日，在這裡則身邊都是失明者，許多更是從一出生就這樣，但他們卻依然可以談笑風生，朝氣蓬勃地過著日常。

像是劉姥姥進入大觀園，我興奮地東看看西看看。

我十幾歲時候，因為視力問題後來無法念書也沒能念大學，但來這裡的感覺就等同進入一所大學，有很多課程可以選、有很多社團可以玩、有很多新朋友可以認識。

我滿足好奇心東逛西逛都來不及了，那些自怨自艾的愁緒早已拋開。

並且很神奇的，幾個月前還讓我覺得世界全然崩塌的那場失戀，到那時也已然覺得雲淡風輕。**我也忽然領悟：每個人都有自己該走的路，「她」有「她」的前途，我有**

我的新路。各奔前程，若不能彼此祝福，至少也不需要被傷感束縛。

**我真正放開了：過去的就讓它過去吧！**

我成為積極上進的學生，而且我超級感恩的，那些機構開立的課程，幾乎都是免費的，因為背後都有各種政府或社會公益單位的補助。

只要時間允許，有課我都想上。而讀者也知道我算是在公家單位準時上下班的人，我自然有很多時間。

我去上了盲人電腦課、我去上了廣播配音課、我還去學國標舞，當然我也去學了盲人必學的點字課。

如今大家都知道我擁有很多技能，在體育、音樂、舞蹈乃至也創立事業，都有相當成績。可是知道嗎？我如今所專精的基礎技能，大部分都是在那年從零開始學起的。

所以**不要再有任何藉口了，如果一個眼睛看不見的人、一個連高中都沒畢業的人，一個家境窮到三十歲時都還窩在閣樓生活的人。都可以從頭開始學習。那一個正常健康的人，又還有甚麼藉口說自己這也不行的那也不行的？**

我成為一個樂在助人，樂在學習的人。

甚至我在想，如果不是因為失明，若是身為正常人的我，搞不好就只會當個沒有抱負、得過且過直到終老的人。

　　那時的我可忙著呢！畢竟我是團隊裡一個「很被需要」的人。

　　那年我27歲，眼睛還未全盲，幫盲人跑腿是我樂於承擔的工作，多少人找我幫忙我都願意，我真的很感恩我能夠成為伸手助人的人。

　　還有帶夥伴去搭公車，我雖然看不清楚，但我至少還能辨別路，也知道站牌在那裡，遠遠的公車要到站了，我也看得到輪廓。

　　我的存在變得很有價值，並且我開始有了榮譽心與責任感。

　　原來幫助別人，那種不計較名利、純然付出也不求回報的感覺。真好。

　　我的生活於是分成兩個世界：一個是持續在警大上班當工友，回家陪家人的原本世界，一個就是像伊甸基金會這樣子的盲人世界。

　　當然外頭還有更大的世界，但對當年那個原本自暴自

棄的我來說，那已經是一個全然的新世界。

　　不過老實說，在一個那麼美好的世界，要擔心的就是，是否又太過沉淪在這樣的「舒適圈」，而忘了人生還須往外拓展？

　　這時我人生另一個貴人出現了。

　　她刺激我懂得要更珍惜人生，她告訴不要設限要努力往外拓展。

　　那個貴人，名叫陳明伶。

### ◇ 懷念妳，明伶

　　陳明伶，一個上進的女孩，一個年紀很輕跟我差不多大的女孩，一個我最敬佩，也最懷念的女孩。

　　27 歲那年，我積極的在工作之餘，努力上課進修。在我當時上課的廣播配音班，有個同期同學，她的狀況很不好，行住坐臥都需要協助。她就是陳明伶。

　　原來這女孩，國中時不幸長了腦瘤，送去開刀，手術雖救回一條命，但造成她雙眼失明，以及下半身終身癱瘓。而她的雙手，也因為頸椎被壓迫，動作不太靈活，並且情況越來越糟，註定有一天連雙手也將麻痺。

　　明伶生活的空間，就是輪椅跟病床。每天就是下床上

輪椅，跟下輪椅上床。如果想出門，若沒有人肯推她的輪椅，那她哪裡都不能去。

她的情況震撼了我。如果一個行動不便但看得見的人，她可以自己推輪椅前進；如果一個看不見但行動沒問題的人，她可以自己拄著手杖前進。

但明伶是既失明又行動不便。

我很難想像若這樣的事發生在我身上，我承受得住嗎？但這個勇敢的明伶，卻選擇不要被命運所束縛，她依然積極的來上課。

她是念國中時候腦部發生病變的，之後經歷過艱辛的復健，卻沒有拋開學業，靠著自修取得高中同等學歷。如今又來上廣播配音班。

那時伊甸基金會的一個志工長官來找我，請我幫忙一件事：由於那女孩家住萬華，剛好我也住萬華，他們商請我是否願意幫忙每天接送這女孩上下課？

老實說雖然同樣是萬華，但萬華區也很大啊！我自己也是視障人士。可是當時我一秒鐘也沒猶豫，立刻就答應下來，我非常願意承擔這樣的責任。

不過內心也是有點怕怕的，原因無他，就是怕我過程中如有閃失，若不小心傷到這個身體已經很脆弱的女孩，

那我將終身內疚。

無論如何，我接下了這個任務。開始每次上課，負責從萬華桂林路，送她到位於八德路的伊甸基金會。下課後，又原路送回。

出門時候，先是她家人會協助抱她上計程車，我陪同，到伊甸基金會後，我先抬出輪椅，然後要把明伶抱下車，安放在輪椅，推她進教室。

下課後，可能在教職員協助下，再次送她上計程車，也是我陪同，到達她家，抬出輪椅，抱她上輪椅，接著推進家中。她住在十六樓。

那時還年輕的我難免還是有種「英雄救美」的男子漢豪情，但更多的是不捨與擔心，我親眼看到明伶的辛苦。

當我將明伶推到她的臥房，把輪椅靠在床邊。我問她是否要抱她上床？她說不用，她自己可以。她要我幫她先去浴室取來漱口杯及毛巾。我那時也好奇下半身癱瘓且雙手也無力的她，怎樣從輪椅爬到床上。

只見她，用類似瑜珈般的困難姿勢，先把上半身彎很低，彎到把頭可以頂住床鋪，接著就使盡全身力氣，以匍匐姿態前進，用上半身拖著下半身，拖著拖著把自己整個身體吃力的全拉到床上。接著她還需慢慢移轉身軀，用頭

部去找尋枕頭位置，然後繼續拉著自己身體，吃力地挪挪挪，挪到定位，整個過程，花了將近十分鐘。

她要我把漱口杯拿給她，我一時沒回話。

「信宏，你還好嗎？」

我沒法說話，我已經哭到說不出話來。

我要終身感恩這個陳明伶小姐，她用她自己的艱苦歷程，真正激勵到我。自從認識她後，這輩子我再不會輕易被挫折打倒，甚麼失敗打擊傷害，對我來說都變成小菜一碟。

我永遠記得，這個勇敢的女孩，如何再怎麼困難也不忘自力更生，我沒看過她掉一滴眼淚，記憶中她永遠樂天開朗。

明伶小姐這一生的命運坎坷。她的父母都已年老，哥哥姊姊都已成家無法留在老家照顧她。不幸她的母親後來也罹患帕金森氏症，在我認識明伶沒多久，她母親也往生。只剩下一個老父親要照顧這個女孩，等到有一天她父親也病倒。明伶就只能被送去安養中心。

有機會我和志工也會去陪她，但大家各自有各自生活，也無法常態去找她。每次去看她，只見她雙手也已漸

漸無力，在安養中心有很多病患，護士也無法全心照料好每個人，這讓明伶的身體惡化得更快。

有天我接到一通電話，是明伶打來的。

邊跟她聊天，我邊很好奇地問：「咦！今天是哪個護士幫妳撥的電話啊？」因為我知道明伶的手已經麻痺到無法感覺到按鍵。

「才沒有，是我自己打的。今天想連絡你，就打給你啊！」

「但你怎麼按鍵盤的啊？你的雙手狀況有好些嗎？」

「沒有啦！我是用舌頭按鍵盤啦！我先用麻痺的雙手捧著話筒，然後低下頭去用舌頭來觸摸鍵盤及撥號。哈！你知道嗎？現在電話上都是黏黏的口水呢！」

聽著話筒那一端，明伶清脆的笑聲。

不爭氣的我，忍不住又哭了。

親愛的明伶，如今妳已經去了天國，做了小天使。希望來生投胎，不要再受這樣的罪。

願妳來生得到平凡人該有的幸福。

# Chapter.7

## 舊情綿綿

怎樣那看黃昏到 著來想你目屎流

　　終於我們都會漸漸長大，曾經我還是個二十多歲的小伙子，走出封閉陰影的我，人生海闊天空。怎麼時間一晃，三十而立已過，忙啊忙得，再一晃，不惑的四十歲已經到臨，又逐步把我推向更老的年紀。

　　所幸回首每一段人生，因為努力，因為付出，我都沒有白過。當然在社會走走闖闖，也算歷經了滄桑，每當想起過往歲月的點點滴滴，有時候也會懷念，有時候也會感傷，唱起舊情綿綿這樣的歌。

　　感恩一路上有許多貴人扶持，說起來我的人生後來過得還算挺精彩的。聽到一些老歌，也許跟著哼哼唱唱那聽似幽怨的哭調。但內心裡我是無怨無悔的。

回首從二十多歲到三十多歲的歷程。有很多有趣的往事。

　　這裡一個我人生最重要的貴人要登場了：她就是我的妻子阿麗。


### ◇ 可愛的小女孩阿麗

　　初識我的內人阿麗時，她是個小女孩。

　　這裡不只是針對可愛的她的一個形容詞，而是真的，她當時算是個小女孩，認識我那年，她才十九歲。

　　**自從進入盲人世界後，我的人生豐富許多。我整個人變得煥然一新，因為懂得幫助人，我每天都活得很有價值感：因為勤學以及勇與開拓不同新領域，我的人生變得多采多姿。**

　　那時最常在一起的，除了盲人朋友外，就是志工了。我的內人阿麗，當時就是一個志工。

　　才十多歲年紀就來當志工，可見她多有愛心啊！


　　同樣也是在廣播配音班，在那裡認識很多讓我很敬佩的人，畢竟，能夠不畏身體的不便，仍願意持續學習，這件事本身就值得敬佩。

　　我本身當時還算弱視並未全盲，也認識其他跟我一般

弱視的朋友，有時候假日也會相約一起去郊外踏青。可以想見一群眼睛看不清楚的朋友要出遊，家人和老師都不會放心。好在，我們身旁總有好心的志工相陪。

阿麗，就是陪伴其中一位弱視朋友的志工，她們也是空專的同學。

但最早時候，阿麗的年紀對我來說，真的太小了，雖然已成年，但也才十九歲。相對來說坐二望三的我，算是大哥哥了。

已經走出落跑新娘陰影的我，也積極尋覓理想伴侶，並且這時候的我非常自信。不再把自己當成可憐蟲，也絕不會再為了留住愛情做出甚麼情緒勒索，不會再做這類不成熟的事。

我的那個弱視朋友，身旁有兩個志工好朋友，一個是阿麗，而我最初追求的是另一位志工。因為那位女孩年紀跟我比較接近。

必須說，當一個人心境改變，世界真的就變得不一樣。

人生第一次，我不用再畏畏縮縮，不用再像學生時代般，覺得自己笨，而想要把自己隱藏起來。在這裡，大家都一樣，大家都是眼睛不方便的人。（當然志工除外，但

志工也是可以同理心我們的人）

我甚至變得有些自命風流，但也不至於傲慢，總之與大家相處都很愉快。

在我跟那位志工短暫熱戀的時間，小我七歲的阿麗，也經常跟我們一起出遊。當跟第一位志工交往半年，因相處彼此看出個性不合後，算是理性的分手。這時候我才發現，總是一旁任勞任怨的乖乖女孩阿麗，我很喜歡她的性情。並且我覺得在每個場合裡，只要有她在的地方，我就感到安心。

阿麗，老實說，就是一個愛心滿溢的女孩。或者換個說法來說，她是個很單純的女孩。

其實願意奉獻青春年華來當志工的女孩，本身都有相當的愛心，但阿麗她呢！除了愛心外，又比別人有耐心，非常善解人意，個性很溫柔。

不知道哪一天，我們幾個朋友出去，那時剛滿二十歲的阿麗也是陪在我們身邊，忽然我心中一個念頭：像阿麗這麼好的女孩，我怎麼可以錯過呢？**過往人生我已經蹉跎很多事了，現在我明白，有好的機會，一定要去爭取，否則等到哪天阿麗被其他人追走，我就後悔莫及。**

記得那天我主動邀阿麗跟我一起獨處，現在想來當時我講話有點臭屁，其實某方面來說，也是因為內心緊張，故意講些誇張的話。

我當時對阿麗說：「我已經跟那個誰誰誰分手了，我覺得我跟妳在一起很愉快。妳說，要不要跟我在一起？我們交往會很不錯喔！」

　　看著單純的阿麗，那時好像露出迷惑以及有些不知所措的表情。

　　我加把勁說服她：

　　「妳快點決定啦！如果討厭我就快說，算我自討沒趣，那我只好去找別的女孩了喔！」

　　就這樣，阿麗覺得她沒有討厭我啊！好吧！那就跟林信宏在一起吧！


　　於是我把這個那時剛滿二十歲的女孩，騙到手了。

　　其實我是真心待她的，也從那年開始，我們一起走過二十多個年頭，至今依然相處甜甜蜜蜜。她支持我的所有決定，包括許多人可能覺得不看好，或者可能會潑我冷水的時刻，她都永遠站在我這邊，我決定做甚麼，她就義無反顧地跟著我。

　　當我二十二歲的時候，覺得上天賜給我愛情，又狠狠地把愛情收走。

　　但這回我是自己掌握愛情，自信真誠，相偎相依，我們都知道，幸福的人生不能依靠別人，要靠彼此扶持，共同打拼。

## ◈ 幸福婚姻以及那個支持我們的小姑姑

我跟阿麗開始交往時，她剛滿二十歲，後來我們相處成為親密伴侶以及工作最佳合作夥伴，愛情長跑多年，直到阿麗滿三十歲那年才結婚。

當然，以上都是以我的立場談我和她的事，如今的我，也懂得必須尊重每個人是不同的個體，再也不會再犯過度自我中心的錯。

所以這裡就來以阿麗的立場談這段愛情吧！

對阿麗來說，當年遇上我是甚麼情況呢？

簡單一句話，她就是「年輕不懂事」，甚至把愛心當成愛情，其實關心一個人不代表那一定是愛情，真正的愛情還需兩人個性契合。

無論如何，阿麗是個簡單的人，那時她對我的感覺：就是聲音很好聽，人好像也不錯，至於外表，老實說那也是我可以自信的強項之一。


然而阿麗單純，但她的家人不會和她一樣單純。特別是當年阿麗是北上台北，受命由她的小姑姑照顧她。而這個小姑姑，可是個精明幹練的女強人。

她也是最早千方百計想要勸阻她姪女阿麗「回頭是岸」的人。

阿麗老家在苗栗，有客家人的血統，她本身從學生時代就很認真打拼，當初上來台北就是為了半工半讀，順便跟她的小姑姑學習，她後來也跟她小姑姑一樣投入證券業。

　　小姑姑，輩分雖是姑姑，但其實年紀大我沒幾歲。畢竟阿麗年紀差我比較多，差我七歲。

　　平日住在小姑姑家，當小姑姑知曉這個姪女竟然要跟一個盲人交往，甚麼都不要辯解，第一句話就是反對。所以戀愛那時候，我每次打電話去找阿麗，只要是小姑姑接的，我就只好先放棄，晚點再想辦法。因為小姑姑絕對不會讓阿麗接電話，她會質問我打電話來幹嘛？

　　但阿麗這女孩雖然單純，有一件事很令人感動的，就是當她認定一個人後，就會死心蹋地跟隨。任何的反對聲音，都阻饒不了她。由於父母都在苗栗，台北這邊的小姑姑算是長輩，可是畢竟阿麗已是成年人，她也無法干預太多。

　　小姑姑會對我初始印象不好，不單是因為我是盲人。也因為她本身對婚姻設定較高標準，她自己能力很強，在證券產業是所謂的「超級業務員」，做事幹練，拚起績效，巾幗不讓鬚眉。年紀很輕就已經擁有自己的房子，收入在同年齡的人中，算是很不錯的。在這樣的女強人眼

裡，看到我這樣的平凡人，基於對侄女的關愛她會反對也是正常的。

那時我們也曾在阿麗安排下，跟她去拜會「長輩」，也就是小姑姑。回去後，小姑姑對阿麗說：「這個林信宏，除了外表還可以看，其他還有甚麼？妳倒是說說看，難道臉蛋可以當飯吃嗎？」

這個小姑姑真是很務實的人。其實若是以從前的我，也就是那個尚未經歷過落跑新娘事件，也尚未進入盲人世界前的我，如果我知道別人對我的評價是這樣，那我肯定一下子玻璃心碎滿地。

但那時的我已經很成熟，也很樂觀開朗。對於小姑姑的評語，我的想法是她說得沒錯啊！我不能自我逃避否認這件事，重點是：我該怎麼做？才能真的帶給阿麗幸福？

**也因為我願意去接納不同意見，成熟理性的思考，這也促使我能夠更積極的去設法開拓我的人生。所以某個角度來說，這個小姑姑也是我人生的貴人，任何人不論是關心我幫助我，或是透過言語刺激啟發我，都是我的貴人。**

由於阿麗就是打死不退要跟著我，她的家人也對她莫可奈何。而隨著時間一年年過去，我也陸續用行動證明，我不是個甘於平凡的人，我有能力給阿麗幸福。也在往後日子裡，我在許多領域發光發熱，甚至成為盲人界的名

人，並且在經濟生活方面，我也靠著實力賺錢買屋。那時包含阿麗的小姑姑以及她的家人，也逐漸對我刮目相看。

記得當年我存第一桶金，跟阿麗合買了一間房，小姑姑來參觀，還邊看邊讚嘆：「不簡單喔！一個看不見的人，竟然還買得起房子。這房子還比我家大呢！」

我跟小姑姑後來也變成很熟的朋友，我也曾跟她表達感恩，她也是促進我成長的動力。因為有小姑姑的督促，我更堅信自己一定要做好，給阿麗一個有保障的未來，這是我一生的責任。

我也回想從前，當年如果那個「她」真的嫁給我，那下場會是甚麼？其實就只會是一對苦命鴛鴦，每天愁苦於柴米油鹽，當激情過後回歸平凡日子，可能就會為現實生活所苦，成天吵架不愉快。

而感恩那個「她」讓後來的我變成熟了。

也是因為這樣，我跟阿麗可以建築幸福的婚姻堡壘。

最後關於這個小姑姑，她不但後來跟我變成好朋友，是我們夫妻倆身旁最佳的人生軍師，甚至後來她自己有心事也會跟我們傾吐。把我們夫妻當成最信任的家人。

事實上，當年我和阿麗結婚，那時她家人還是有點擔憂，反倒是這個小姑姑，全力為我們說話。最終讓家人首肯，成就一段美滿姻緣。

### ◈ 台灣盲人棒球的創始隊長

到底是先改變心境人生才變得幸福？

還是因為幸福了所以心境改變？

當然是前者，我是因為調整內心的思維，不再自怨自憐自艾，願意成為伸出雙手幫助別人的人，所以我的世界變得更海闊天空。變得更自信的我，也才能把握好的機緣認識一個好女孩，和她一路幸福地走下去，至今已超過二十個年頭。

**所以幸福是要靠自己爭取，並且要把追求幸福變成一種習慣，變成一種生活日常。** 所以我感恩我身邊的貴人們，感恩陳明伶小姐讓我更懂得珍惜人生，改變心境積極的為社會付出。感恩我的內人阿麗，她永遠是我最忠誠的支持者，伴隨著我非常精彩的人生。

真的，我的人生真的彷彿從我27歲那年畫了一條截然分明的線條，在線條是《舊情綿綿》歌曲般的哀怨，總是用哭腔唱著；27歲後也還是可以唱著《舊情綿綿》，但卻是充滿感恩，知道過往的歲月是滋養今天的養分。

現在就來繼續分享，在我的人生有了阿麗為伴後，其他各方面多采多姿的歷程。

第一個先來聊聊棒球吧！剛好這也是很懷舊的項目。

在台灣幾乎各個世代的人都有個棒球夢，不論是我成長的五六〇年代，那時台灣真正是棒球王國，例如台灣少棒從民國 58 年（也就是我出生那年），到民國 85 年，總共拿到十七次世界冠軍，在我五歲那年（民國 63 年）那年，台灣還拿過世界棒球三冠王。或者更新的世代則風靡的是職棒，中華職棒大聯盟不只球星成為很多人的偶像，還有連啦啦隊員都變成名人呢！

所以當有一天人們年老時候，回憶的印象裡，多多少少都會有個關於棒球的故事。

對我這樣的盲人來說，我也有我的棒球夢。

而我正是台灣第一支盲人棒球隊的創隊隊長。也帶領全隊代表台灣第一次參加世界盃盲人棒球賽。

最早引進這個運動的是愛盲基金會，當年二十七歲的我，是個從低潮中走出來迎向陽光的開朗大男孩，當聽聞基金會有這麼個運動邀約同好加入，我就成為第一批投入練習的人。

這裡也來簡單介紹一下盲人棒球跟一般人們所知道的明眼棒球有甚麼不同？

其實基本上大部分都不同，畢竟參與者是盲人，這可以說是一種獨立於傳統棒球定義外的新運動。

盲人棒球，正式比賽時，只會有六個球員上場，所以只打六局。比較特別的，大家所知道的一般棒球，打擊者和投手是分屬兩個隊伍，但在盲人棒球，包含投手跟捕手，卻是跟打擊者是屬於同一隊，並且投手跟捕手一定是由明眼人擔任。就是說，盲人棒球，是一種明眼人和盲人協同參與的球類競技。

　　既然投手跟打擊者屬於同一個隊伍，那讀者就知道，打擊的規則一定跟一般棒球完全不同。盲人棒球裡，投手必須透過長時間練習跟打者培養默契，他要熟悉每個打者的揮棒高度，有人是在腰部有人在胸口等等，正式比賽時，捕手會配合每位盲人打者，在應該的揮棒高度位置做個手勢，指引投手瞄準正確的打擊位置。投球投球前還會喊指令：Set、Ready、Ball 分別代表：就位、準備以及投球。打擊的重點是抓住 timing，依每位打者習慣不同，大致要抓一秒上下，比方有人是抓 0.8 秒，有人是 1 秒，或者 1.2 秒等等，那有賴平常練習時建立的默契。

　　Timing 抓住，球擊打出去了，盲人棒球的跑壘，只有兩個壘：一壘跟三壘，打者每次只要跑一個壘就好，不需要回本壘。分數的判定：打者擊球出去後，裁判會去判定，到底是打擊方跑壘摸到壘包的速度快，還是防守方撿球的人觸壘速度快。如果打者快，就得一分，反之撿球的人快，那打者就出局。

讀者一定好奇：看不見，怎麼打球？答案自然是有賴聲音。因此盲人棒球的設計，包含打擊的球，跟跑壘的壘包，都會發出聲音。（亦即打擊者將球擊打出去後，會聽是哪一個壘包響，就往響聲跑壘。守備人員也是聽球的聲音，移動側躺用身體將球擋下後，用手抓住球離開身體高舉，完成守備動作。）至於壘包要有聲音，自然是因為盲人要聽到聲音才知道壘包在哪？球的聲音跟壘包的聲音是不同的，可以讓攻守雙方清楚分辨。

　　另一個特別要提的，是參與比賽的球員都必須蒙著眼睛（戴眼罩）比賽，那是因為視障有程度上的不同，若是弱視者跟全盲的人一起比賽，明顯不公平，因此比賽時大家都要蒙上眼睛。

　　詳細情況，讀者可以上網去看各種相關影片，當你們知道盲人也可以玩這種「劇烈」的運動，會覺得大開「眼」界。

　　由於愛盲基金會引進盲人棒球到台灣，當時我就已經加入，我等於是躬逢其盛，後來也算是台灣盲人棒球名人堂（如果真的有這樣封號）的話，我算始祖般的重要人物。

　　也因為個性積極大方，且當年還算年輕壯丁，後來就被任命為隊長，還帶隊出國比賽。那也是我這輩子第一次出國的經驗。

台灣是民國 85 年十一月引進盲人棒球，我帶隊出國是民國 86 年八月。

　　那回是政府公費補助還有加上民間善心捐款，我們轉了三次飛機，去到了美國堪薩斯州，大家都很興奮。

　　至於比賽，畢竟我們都是第一次參加也沒甚麼經驗，包括在台灣練習時也只能自己跟自己練（也就是把球隊分成兩組對打），因此實際碰到敵手，我們是被壓著打的，慘遭四連敗。有一場遇到的對手還是連續五年的冠軍，我們簡直像秋風掃落葉般被打得很慘，那懸殊的比數，甚至觀眾還擔心這比賽要怎樣才能結束啊？最終比數是28:6。

　　那年回國後，我們球隊的重要使命就是去各縣市撒下盲人棒球的種子，我們去到淡江大學、台中啟明學校等單位巡迴推廣，後來台灣也陸續成立了幾支盲人棒球隊。

　　初始幾年，都還是我帶領的球隊代表台灣出國，因為我們這隊每次都是台灣冠軍。到後來台灣已經有了八支有相當實力的隊伍了，之後每年就有不同的隊伍出國參賽，我直到 91 年那年還有出國比賽去一次，那年是去芝加哥。後來考量到自己也已經年過三十了，就逐漸轉型為球隊顧問了。回首我的棒球生涯，總共有五次出國（民國 86,87,88,89 以及 91 年）

　　比較驕傲的成績：這幾年參加國際比賽，我一共得過四次 MVP。（不是台灣的 MVP，是整個世界比賽的

MVP），我算是盲人棒球界知名的防守王。

這也是我人生很特殊的一個經驗及榮耀。

### ◆ 締造盲人賽跑記錄的人

談起體育活動，也談起每個人回憶中的一個舊情綿綿，那就是參加運動比賽了。

相信每個人或多或少學生時代都參加過，好比大隊接力、田徑賽等競技，或者最起碼體育課時，老師也會要大家去跑操場。

每個人學生時代的回憶，總會有個背景是操場，或許是運動會時全班一起幫跑者加油的畫面，亦或許是當夕陽西下，跟著女同學一起沿著跑道散步，那種兩小無猜般後來想起來無限懷念的淡淡愛情。

這裡我要聊的是我的另一個體育榮耀，我曾經是台灣盲人一百公尺賽跑紀錄的締造者，不知道過了多少年這紀錄才被打破。

當年我跑十二秒八，算是台灣盲人界速度最快的男人。

並且當年是民國 91 年，我已經三十三歲，早過了運動員的巔峰時期，我能跑出這樣的成績，算是讓世人很

驚艷。

　　那年我還不只如此，我同時還拿到四百公尺以及跳遠的金牌。

　　簡單說，我就是個運動明星。

　　從前的我是過於自卑，但那些年我屢屢在運動場上發光發熱，反倒變得有些驕傲了。

　　已經是全國冠軍的我，內心想著，原來我是台灣盲人界最厲害的，接下來就是要出國參加亞運了。

　　的確，以我那年的實力來看，我代表台灣參賽這件事可以說非常篤定，如果沒甚麼意外發生，那當然「出國比賽」捨我其誰啊？

　　但，真的就發生意外了。原因就出在我太過傲慢自信。

　　亞運的甄選是在全國視障運動比賽後大約一個月，這一個月期間應該是拿來做練習用的。可是充滿自信的我，覺得參賽資格對我有如探囊取物那樣簡單，

　　我根本就沒做甚麼練習，一個月後就去參加亞運跳遠甄選。

　　這裡也來分享，盲人怎麼跳遠？

　　大家都知道，跳遠有個踏板，做為一個比賽計分基準，參賽者不能越過踏板後才起跳，那樣就被視為違規，

直接判定出局。但當然也不會站在踏板原地起跳，那樣不可能跳很遠，參賽者一定都要透過助跑，累積動能往前衝，在到達踏板那一剎那往前跳。

問題是：盲人根本看不到踏板怎麼跳？

許多盲人就只能原地立定跳。但那時我們有受到教練指導，採取的一個方式：以跳板為原點，往後算好步伐，走大約十步，在地上畫一個記號。配合有一個志工會透過鈴鐺聲音來幫你定位，如此只要步伐算對，並且跑的方向沒錯，就可以在助跑下於跳板前往前跳。

理論上是如此，實務上這件事還是有賴練習。畢竟，十步只是個數字，但真正跳的時候要考慮每步的步伐拿捏，這應該要練習好幾次才熟習。

結果當年太過自信的我，根本就沒把握時間做好練習，以為自己實力沒問題，之前全國賽我可是跳出四米多的佳績拿到冠軍的。而且當天協助我的志工，恰好是我的小粉絲，這個小女孩，一路上都用很崇拜的聲音跟我加油，我跑步時也在旁邊大力拍手，讓我更是得意忘形。

那天我就依照計算的步伐，自信滿滿的從我畫的定點往前衝，可是我卻嚴重誤算了每步的距離，並且是差很多。當天我一跳，接著重重落地：真的是重重落地，太早

起跳的我，根本還沒到沙坑就落地，我是直接落在硬的 PU 跑道上，落地當下整個身體往後面坐，屁股重重摔地上。那瞬間尾椎非常痛，痛到當場倒地爬不起來，立刻被送去醫院急診。

情況這麼慘，我不僅參加亞運跳遠的美夢報銷了，事實上，我是所有田徑項目都無法參加了。

還好當時雖感到劇痛，但尚不至於造成永久性傷害。只是之後有一段不短的時間，因為坐骨神經受傷，我坐著的時候，身體沒法往後靠。一往後靠就很痛。包括坐車若路程比較顛簸，我也會感到很痛苦。記得時隔三個月後，我那年代表台灣去參加世界盃打棒球，必須搭飛機飛航十幾個小時，因為尾椎很不舒服，在機上座位，我還得借助游泳圈氣墊來舒緩疼痛。

**這就是我人生一次教訓，告訴我，當站在高處，不要得意自滿，就如同當處在低谷，也不要妄自菲薄一般。**

這裡附帶一提的，正常來說，我的內人阿麗會在一旁協助，她是我所有活動不論是運動、音樂或舞蹈的最佳伴侶，也是最熟悉我的志工。但亞運甄選那天，她因為工作上的事無法脫身 （畢竟她當年還有正職工作），所以後來才會由另一個比較沒默契的志工來協助我。

無論如何，是我心境不對，是我自己把原本大好的出國比賽機會斷送了。而在隔年，我也覺得年紀太大了，不適合運動生涯，也就退出所有運動比賽。

　　雖然有感於年至中年，不適合在運動場上參與競技。但我依然平日熱愛運動健身，此外，各種戶外運動，只要結合足夠的安全防護，有機會我也都願意參加，用行動證明，其實就算是盲人，也依然可以參與很多活動。

　　這裡我要來分享一次很特別的戶外活動經驗，相信就算是明眼人也少有人參加的活動：海洋獨木舟。

　　民國 107 年，我參加的是由蘇帆海洋文教基金會舉辦的黑暗水手海洋獨木舟活動，那年正是黑暗水手活動的第一屆。

　　黑暗水手，顧名思義，邀請的是盲人來擔任水手。活動分成三天，前兩天主要是認識海洋以及划舟的基本操練，第三天才正式下海，幾個視障朋友在許多明眼義工的陪伴下，要挑戰在太平洋上划獨木舟。

　　雖然我看不見，但依然可以感受到陽光及海風下的波瀾壯闊，也很開心，自己長年培養的運動習慣，有讓我打好健康基礎，當船一下海，許多人紛紛感到頭暈不適，但我在這方面卻適應很好，基本上沒甚麼暈船狀況。

　　划獨木舟，全程有專業教練陪伴，但真正主力划槳還

是要靠自己。教練會協助我掌控船行方向，而我們這些黑暗水手們，就是要靠體力耐力真正操舟在大海上挑戰洶湧的波濤。

那天其實風浪，我都聽到同行的人驚叫的聲音，說海浪甚至高達兩層樓高。但我因為看不見，反倒不會感到懼怕。我只覺得浪裡來浪裡去，有種坐雲霄飛車般的刺激。

這是我不再主力投入運動場後，中年時期一次特別的經歷。


不談體育，那來談談我最愛的音樂吧！

下章就來分享我的音樂生涯。

# Chapter.8

# 情人的眼淚

你難道不明白
一顆顆眼淚都是愛

感恩人生中有了阿麗，我的世界永遠不寂寞。

阿麗啊！就是一個傻傻的，我做甚麼決定她都願意跟著我的人，我說東，她不會說西，她只會跟我補充如果要往東，必須準備甚麼東西。包括我人生中各種重要決定，在某些家庭可能變成家庭風暴的議題，在阿麗來說，都是雲淡風輕。

我想離職好嗎？好啊！支持你。

我想買房子好嗎？好啊！支持你。

我想當街頭藝人好嗎？好啊！支持你。

阿麗說她崇拜我，我真的很感激她。讓我身旁永遠有個可愛的啦啦隊長。

不過說起來，不是我自誇。我也有很多值得女孩們崇拜的地方喔！

就以前面介紹過的棒球為例，知道嗎？我的事蹟有被列入書本喔！直到今天都還有年輕的球員見到我，就像見到像王貞治那樣的傳奇明星似的。他們給我一個稱謂叫做上古神獸。

的確，我從民國 93 年正式退休離開球場，至今也大約二十年，我算是很「上古」了，當年有一位陳芸英記者，出過一本書叫做《盲人打棒球》，我是書中的主角之一，被稱為「盲棒界的超級巨星」。

而我這位上古神獸，其實還真的多才多藝呢！運動其實不是我最知名的強項，比較起來，在音樂領域我更能施展天賦。

這裡就來聊聊我的音樂之路。


◈ **我的歌唱成長生涯**

民國 85 年，我開始在許多盲人運動及藝術領域嶄露頭角，而在那年，我人生一件大事，就是得到全國視障歌唱比賽冠軍。

當年參賽者有超過一百位，都是由各縣市具備好歌喉的菁英，我得到冠軍後還引起各界震撼，因為在那之前，

似乎沒人聽過林信宏這號人物。那場比賽當下讓我揚名立萬，成為盲人歌唱界的大咖。

附帶一提的，在我這一屆的上一屆，冠軍得主叫做蕭煌奇，他如今也是個流行樂知名歌手，曾拿過金曲獎台語最佳男歌手獎。我曾經跟他合出專輯，這一段有些曲折，容我稍後敘述。

先來談談我歌唱夢想的起源，是在十七歲的時候，受到我高中同班同學陳啟迪的影響，也就是在本書楔子所描述的那一段。當時我們有兩男兩女四個好同學常相約一起下課，過程中彼此練唱，那是我難忘的學生時代回憶，也是我熱愛歌場的啟蒙時代。

從那年開始，歌唱就成為我最熱愛的興趣，同時也是我最早訂定的人生夢想：當時我就希望有一天我可以登台唱歌。

每當歌唱的時候，我的心情都會很好。在那個我因為家境不好而自卑的年代，唱歌撫慰我孤獨消沉的心靈。

提起唱歌，我的父親跟我一樣有歌唱的興趣，並且某個角度來看，我們當時很像：都是想藉由唱歌來逃避生活中的壓力與挫折。

我十七歲時，卡拉 Ok 已非常盛行，那是個像箱子一樣可拉著走的機器，並且還可以幫你打分數，好比唱完歌

後，你得到 95 分耶！大家拍拍手。很酷。

愛唱歌的父親，平常除了藉酒澆愁，此外就是藉由唱歌抒發鬱悶。在家裡父親不知道從哪借了一台機器放在客廳，有一天阿嬤看到我在家，就問我要不要來唱唱看。好啊！我就唱一首歌給阿嬤聽！記得當時我唱的是羅時豐《善變的臉》。

高歌一曲後，一轉頭，竟然看到阿嬤在哭耶！問她為什麼哭？她說我唱得很好，她還說「我的孫子長大了，已經可以唱情歌了。」

在那個我幾乎凡事都表現平平的時候，這算是對我很大的讚譽，也更加讓我對唱歌有信心。


我真正敢「拋頭露面」站上舞台，就在十七八歲那個時候，也不知道為什麼，平常偏自卑內向的我，倒是可以勇敢站在台上對著眾人唱歌。

第一次的比賽，是父親幫我報名的，前面有說過我父親本身人脈也很廣，還參加很多社團兼了很多身分，他那時也在救國團擔任志工幹部。因為救國團當時有舉辦一個歌唱比賽，他們也正擔心參賽者太少，父親就鼓勵我去報名。

人生中的第一次音樂比賽，我本就沒抱甚麼期待，反正就去玩玩吧！沒想到我初次上台，就得到了第四名，那

次比賽讓我確信：我真的有歌唱方面的天分。

就這樣，從十七歲直到二十歲等當兵那段期間，我一有歌唱相關比賽就去參加。內心小小的願望，就是希望在某次歌唱時，現場剛好有某個王牌製作人，然後我就被發掘去重點栽培，最終變成一個世界巨星。

那年我還沒被檢查出視網膜病變，還抱著成為明星的美夢，期待有伯樂找到我。後來知道眼睛出問題了，但我依然對歌唱抱持著熱愛，甚至那成為我幽暗人生中唯一的舒壓出口。

23歲時我參加了全國勞工盃歌唱大賽，彼時我正跟來自台南的「她」在交往，心情比較振奮，也比較有自信心去南北征戰。

比賽第一階段是台北市的初賽，要由六十個參賽者中錄取八名。

比賽方式是唱兩首歌：一首指定曲，一首自選曲。

一般指定曲都是類似愛國歌曲，或者比較偏向傳統聲樂派的歌曲（諸如《杜鵑花》、《送你一把泥土》、《一朵小花》等等），我選的是《送你一把泥土》。至於自選曲，我選的是需要華麗技巧的《認錯》（優客李林出道成名曲）。

唱完後，我自認表現還算不錯。我本來期望看可否落在五到八名間，但最終唱名。從第八名開始公布，不是

我；第七名，不是我；第六名，不是我……接著進入前三名揭曉了，大家都很緊張，第三名不是我，第二名，還是不是我，難道我是……第一名，仍然不是我。

原來我沒獲得青睞啊！

當年四個評審有三個是音樂科班老師或聲樂家，只有一個算流行樂界的，那位就是張琪老師。而我的那種新派歌曲唱法，似乎不太受到評審青睞。

好吧！沒能得到名次，連初賽都沒過，我默默轉身要回家了。就在這時，後面傳來喀喀喀高跟鞋急促的響聲，有個清脆的女聲叫住我，我回頭一看，把我叫住的就是那位張琪老師。

她跟我說，她真的很欣賞我的聲音。可惜其他老師都屬於比較古典派，無法看到我的優點。她給我最高分，但敵不過其他評審的低分總平均。

好可惜啊！張琪老師也不斷嘆息吧！

沒關係的，就算是這樣，至少能夠得到張琪老師的肯定，我也心滿意足了。


沒想到，第二天一早，我接到一通電話。是歌唱比賽主辦單位打來的，對方通知我：「恭喜你，因為張琪老師極力推薦，我們破例入圍九個人，你有資格參加複賽了。」

就這樣，我準備去參加全國歌唱比賽的複賽。

當然，我很開心，有機會更上一層樓了。

由於上回我的歌路不受評審青睞，到了複賽我學乖了，既然評審喜歡比較老派的歌，複賽我就選擇這類的歌，我選的是費玉清的《變色的長城》。

但這回尷尬了。原來歌唱比賽，除了要能展現自己的歌藝外，也要考量到對那首歌的熟悉度，這樣才能好好將歌曲做出最佳詮釋。但我選的歌卻是我不熟的歌，那不是我平常會唱的歌，還須特別去背歌詞。而大家也知道，一個人對不熟的東西只能靠強記，當處在緊張的情境，就可能會發生錯誤。

而我真的發生這樣的錯誤：我嚴重忘詞了。

幾乎從一上台那一刻，我就緊張到忘詞了。乃至於當背景音樂一響起，我腦袋就是一片空白，只能傻傻地站在台上，直到唱副歌時，我才忽然像剛剛清醒般，高昂的唱起：「望盡千載春秋我看到你……」，接著，我又忘詞了，繼續傻傻地站在台上。

天啊！眾目睽睽下，我這樣無助地站在台上，實在太丟臉了，真的好想找個地洞鑽進去啊！

這樣的我，複賽當然無法過關。

好在，這件事沒有澆熄我的歌唱夢。

### ◈ 神奇的舞台展演

我從來沒有放棄歌唱夢，不過的確在經歷那回忘詞事件後，我只把歌唱這件事當成是一種業餘的消遣，從那年後，我就暫時不再去參加歌唱比賽了。

直到 27 歲那年，也就是我重新找到人生意義那年，我開始又積極的去參與各類活動，也在那時我重新參加歌唱比賽。並且在民國 85 年年底，得到全國視障歌唱比賽冠軍。

當時我引起各界轟動，後來經過愛盲基金會的撮合，我開始跟上一屆冠軍蕭煌奇見面談合作。

民國 86 年，愛盲基金會計畫幫我們出一張專輯，而我們也分別開始做音樂創作。然而當年愛盲基金會做了一個後來被證明是錯誤的決定：那就是愛盲基金會打算把經紀約握在自己手上，不打算釋出給其他唱片公司。

原本已經有唱片公司在接洽了，如果透過唱片公司發行，後續就可以大規模推廣到市場上。然而有哪一家唱片公司願意接受這樣的條件呢？經紀權不在他們手上，行銷的好處都跟自己無關，這樣根本沒有誘因。

最後愛盲基金會只能自己發行。當時已經有製作人了，也找到錄音室做錄製，甚至也拍了宣傳照了。可是擺在眼前的現實，愛盲基金會當時的預算只有兩百萬，全部

花在音樂專輯製作上，已經沒有餘錢投入後續宣傳。並且那年，已經是傳統唱片開始走下坡的年代，我們花心血錄製的專輯，最終就這樣難以為繼，我和蕭先生兩人後來也拆夥，原本的唱片圓夢計畫，就此夭折。

蕭煌奇先生那時還很年輕，並且他從高中時代就是玩樂團出身的，拆夥後他就繼續回去忙自己的樂團。但我則是經歷這樣夢碎後，只能回到原本的警察大學仍舊當工友。

當然我的音樂夢還沒放棄，只是這回又要等很久才能圓夢了。

但在談我後來的音樂圓夢前，先來談談跳舞吧！

那年我的歌唱夢失利，不過同時間我已經投入盲人棒球運動，因此我還是很忙，每天生活充滿熱情。

我在盲人棒球領域是台灣的先驅，但我也在其他很多盲人領域算是先驅，其中一個就是我創立了台灣第一支盲人舞蹈團。

過往我其實沒有任何舞蹈底子，並且盲人要跳舞實在聽來不像個好主意。

身為一個盲人，基本上因為看不見，很多事情是被限制住。像是樂器及歌唱，這沒問題，但跳舞就聽來不太可能。畢竟，除非是獨舞，否則舞蹈就必須跟其他人搭配，但根本看不見其他舞伴怎麼搭配？

無論如何，我嘗試去做了，後來還很成功，直到今天我雖然算是退休已經離開舞台，但當年創立的舞團世代交替後仍在各地巡演。

　　台灣第一支盲人舞團，創立於民國 90 年，名叫光之舞。到了民國 92 年，因緣際會，認識了一群截肢舞者，在理念契合下，將原本舞蹈團重組，成立了一個新的舞蹈團，名為鳥與水舞集。

　　我們的舞蹈成績算是很卓越的，有受邀去日本表演比賽，獲得高度讚譽，還在台灣全國踢踏舞大賽，得到第二名。特別要說明的：這不是盲人踢踏舞大賽，而是跟全國明眼人一起競技的正式跳舞比賽。

　　到底盲人怎樣跳舞呢？

　　感恩那時一個啟蒙我舞蹈的貴人，原本她專門在指導肢體殘障的朋友跳舞，後來也是她嘗試教導盲人跳舞。這位貴人老師名叫顏翠珍，本身是任教於文化大學舞蹈系。當時她擔任鳥與水舞集的藝術總監及編導。在民國 92 年到 98 年帶領我們巡迴於校園、以及監所等單位，演出場次超過百場。

　　盲人學跳舞的過程真的很辛苦。試想，盲人看不到，

那老師怎麼「表演」給學生看呢？答案是無法用看的，那就用摸的。於是，老師必須把一個個舞步拆成分解動作，每一個動作，盲人舞者都要透過摸索，去了解老師擺的姿勢。每一個動作，老師都讓學生從頭摸到腳，然後學生自己擺出那個動作。接著得一個一個去調整，確認舞步定位。最終再搭配音樂。

所以光練一首歌的舞蹈，就得練習好幾個月，也多虧老師跟學生都很有耐心。當然也感恩在場有很多志工，否則若每個舞者的動作都要靠老師本人親自一個個調，那一年也練不完。

記得當時老師講了一句話，讓我銘記在心。那不僅僅可以用在舞台表演上，也適用在人生不同的場域。

她說：

**跳舞就跟我們做人做事的態度一樣，**

**你想想你該給自己怎樣的期許？**

**當你在台上跳舞，你要讓觀眾看到的：**

**是一群視障朋友在跳舞，還是一群會跳舞的視障**
**朋友？**

是的，做人做事若只是應付了事，那就像是舞蹈沒學

好的視障人士，上台跳舞就是告訴大家，我們因為眼睛有問題，所以我們的跳舞就只能這樣。

但是我們那時候練舞，最終上台表演達到甚麼樣的境界呢？

我們讓觀眾睜大眼睛，他們完全不相信這群在台上跳舞的人眼睛看不見。

怎麼可能是視障？他們怎麼可以在舞台上跑來跑去、翻來滾去，彼此都不會撞到？那行雲流水整齊劃一的舞步，真的是視障朋友在跳嗎？

我們的舞蹈得到高度的期許。

我跟所有的團員都很有成就感。

我是在舞蹈團服務到民國 98 年才退休，至於棒球隊，則是在民國 93 年就退休。畢竟，舞蹈跟體育都跟體力有關，到了一定年紀，還是傳承給下一代吧！

但音樂不然，音樂可以活到老唱到老。

接下來，繼續談我的音樂路。

◈ **我的街頭藝人哲學**

在談我如何創立相信經典樂團之前，先來談我的個人

演藝之路。

　我是先當了街頭藝人，後來才成立樂團。


　那已是民國 100 年的事，下一章我會談我如何啟動我事業以及投資買房，但總之，當時我的情況，我已經透過我的按摩事業以及正確理財，擁有還不錯的生活。

　也就是說，我比較無後顧之憂可以去想圓夢的事。

　從少年時期我就愛唱歌，那時已經邁入四十大關後的我，還是依然沒忘記唱歌夢。重要的是，我的親密伴侶阿麗，也從來都不會反對我的夢想，她從不會說，你都這把年紀了唱甚麼歌？唱歌可以養活全家嗎？…這類的話。她總是最支持我，陪著我追逐各種夢想的人。

　民國 100 年，我剛把我創立的按摩店結束，接下來做甚麼呢？我跟阿麗說：我想去當街頭藝人，妳覺得好不好？

　好。

　如同往例，我說甚麼她都支持。


　當然街頭藝人不是想當就當，必須要考試且取得政府發給的執照。而當時我手邊還是總有各種事要忙，畢竟我也算盲人界的名人吧！每天要去很多地方助人也好，學習也好，總之就是忙不停。所以雖說想當街頭藝人，但當時

只是說說，可是一直沒付諸行動。

就這樣一個月兩個月…甚至一年兩年過去，我還是想唱歌，但總是沒有具體行動。

直到民國 102 年，有一天我跟阿麗手牽著手去 228 公園散步，才走到門口，就聽到遠處傳來薩克斯風的聲音。但這聲音有點問題，吹得斷斷續續，給人家的聯想是：這個薩克斯風手，吹得上氣不接下氣的。

我就請阿麗幫我去看看，這個街頭藝人是甚麼情況？阿麗看了回來跟我說：原來這個薩克斯風手有點年紀了，說不定已經年過七十。

難怪吹起來有氣無力。

**那瞬間我心中忽然湧起一個強烈念頭：我告訴自己，信宏啊！你不是一直想當街頭藝人嗎？怎麼說說說，說到現在還沒去做啊！難道你也要等到七老八十後，都已經中氣沒力了才想圓夢嗎？**

這念頭一起，心想，不行，我要立刻行動。

就從那天起，我進入準備階段，當天也立刻登錄台北市文化局官網去做報名。一般來說，考街頭藝人證照可能要考好幾次，但我那年報考台北市的街頭藝人證，一考就上。

我心中只想圓一個夢，我沒有想靠唱歌賺什麼大錢，

也不想當甚麼家喻戶曉的明星，我只是愛唱歌，也想唱歌給欣賞我的人聽。

各位讀者想像中的街頭藝人是怎樣的呢？其實街頭藝人也是服膺市場法則的。加入這一行的人其實並不少，可能比各位以為都還多，並且很多都是以這為主要收入，而非只是業餘玩票。

收入該怎麼賺？以街頭藝人來說，當然要找地段好的地方，而如果是在假日或下班時段，可以想見人潮越多，就越有機會得到最多打賞。

基本理論沒錯，但實務上有更大的智慧。

以我的思維：不必一定要去卡最好的市場位置。

當大家搶得頭破血流地，都希望在某個時段某個地點表演，最終一定是只有幾人得償所願。幾家歡樂幾家愁下，有不同的心情，其中也一定難免不愉快。而若不幸地，好不容易搶到喜歡的位置了，結果當天卻碰到下大雨，心中頓時如洩了氣的球，超級沮喪。

我則是總選擇大家不愛去的地方，不用跟人家搶，我落得輕鬆。反正我不去對人潮多寡抱著甚麼期待，我就是抱持著：讓我慢慢唱歌吧！有欣賞的人聽到就好。例如我剛開始是在西門町比較尾巴（就是電影街後段），已經沒

甚麼人潮的地方駐點。

結果怎樣呢？那地方反倒被我唱紅了，我讓那個地點也變成人潮聚集地，當大家又開始想搶那個地點，我就又遷到其他地點。

包括某個時段，大家都要。好吧！沒關係，我就選擇平日白天時段，並且去的是比較沒那麼熱鬧的公園或者地下街，好比說我會在周一下午表演。結果我還是吸引了相當的人氣，還有人把我的表演錄影上傳臉書，還跟我分享。

這裡我提出的真正市場勝敗背後植基的理論：
**有實力的人不必靠運氣，沒實力的人才要靠運氣。**

不是嗎？所謂打賞，雖然多少還是跟大數據法則有關，就是說越多的人經過就有越高的機率投錢進打賞箱。可是那並不是成絕對正比的，也就是說，有可能你面前經過成千上萬人，但你一天下來收到的錢，跟我一整天面前只經過幾百人，收到的錢總數是一樣的。

**真正好的銷售模式：是要增加打擊率，而不要只依賴打擊數。**

有實力的人，就算只服務幾百人，但他可以得到很高的肯定，甚至那幾百人中有人就是為了看他才去的，這就代表他可以有很高的打擊率。

**這件事也適用在所有的行業，做任何事情，只要你確保你有真正的實力，以及夠認真的態度，那你的才能一定不會被埋沒。**

事實證明，我雖然如此「不按常理」的做街頭藝人，但我的營收成績真的很不錯。

當有機會跟年輕人分享，或者有志朝音樂之路發展的後輩分享，我會請問他們，甚麼才是街頭藝人？重點是「街頭」，還是「藝人」？

**你如果只把自己當成在街頭表演的人，而不是藝人，那大家看你的感覺就很街頭，不把你當藝人看，也就沒能賦予你甚麼價值。**

**但如果你把自己當成藝人，只是表演的場所在街頭，那意義就大不同。**

基本上，你若自己沒把自己當藝人看，那其他人當然也不會把你當藝人。

我們做人做事也是如此，你想成為甚麼人，你就要相信自己可以成為甚麼人。只有你自己相信自己可以是甚麼

人，別人才相信你會是這樣的人。

我們如何看自己，就決定別人怎麼看你。

這是我從街頭藝人的職涯中，得到的體悟。

相信，很重要。

接下來就來談我如何創立相信經典樂團吧！

### ◈ 創立相信經典樂團

街頭藝人生涯，看似只是在「街頭」，卻也是真槍實彈地每天面對面與來來往往的陌生人接觸。不論是音樂表演的現場功力、與人群間的互動，還有不同天候下的體力考驗，能夠經常站在演出的第一線，絕對可以累積身為藝人更上一層樓的寶貴能量值。

我相信每個藝人都該歷練這一步，不一定是當街頭藝人，可能是在較小型的舞台上表演，或者各種公眾場合的清唱，不依賴科技化的音響輔助，不依靠後製包裝加強效果，就是純粹硬功夫，能夠做到現場對著陌生人表演。

的確，我的街頭藝人生涯帶給我很多實戰淬鍊機會，對我後來各大中小型舞台表演奠定了基礎。此後每年有機會我都會帶領視障樂手們舉辦演唱會。

身為藝人，身為歌手，我這樣一路以來也建立了清楚的生涯願景。

　　感恩我的另一位人生貴人，鼓舞我心靈成長的培訓導師黃佳興，他也曾告訴我們：**每個人都要賦予自己人生的定義，每個人的人生都必須要有願景及使命。**

　　**所謂願景，就是對自己的期許；所謂使命，就是對社會的責任。**

　　我希望自己未來成為甚麼樣的人，這就是我對自己的願景。

　　而我的願景就是：希望未來我一定要成為第一名的經典歌手。

　　經典歌手，不同於一般的流行歌手。經典經得起時代淬鍊，經典也不只是老歌的概念，經典需要典藏、值得跨世代傳頌，經典亦可以在新世代的詮釋下，帶給人間新的溫馨感動。

　　人們熟知的經典歌手。費玉清先生以及江蕙小姐，這樣的頂級經典歌手已經封麥了。更資深的國寶級經典歌手，鳳飛飛女士跟鄧麗君女士則已經離世。

　　我希望我能夠站出來用歌唱實力展現溫熱，當未來大家一想到可以唱老歌的第一人選，那個人就是我，這是我

的願景。

至於我的使命，也就是我能帶給這社會甚麼？我也給自己寫下三句話，這也是我在辦演唱會前就賦予自己的三句話：

我要給長輩回憶

給年輕人希望

給身障者榜樣


知道嗎？「樂」這個字。既是音樂的樂，也是快樂的樂，同時以古字來說，樂也通「藥」的意思。

整合來說就是：**音樂直接帶給人快樂感覺，也像吃藥一樣可以療癒每個人。**

我認為尤其是經典老歌，可以帶給不同年齡的受眾不一樣的感觸。特別是對那些將一生奉獻給我們這塊土地的長輩朋友，經典老歌，非常療癒。

所以我說經典可以給長輩回憶。

對於年輕人來說，我要跟他們闡述一個故事，故事主人翁就是我自己：

**我從一個一無所有的人，到現在一無所缺；從一個沒有夢想的人，到現在我可以自我實現。**

**但我是個看不見的人耶！我怎麼做到的？**

**如果不是靠著與生俱來的條件，那一個人成功總有個**

**方法吧？我希望透過我的分享，來給很多年輕人一些鼓勵。讓他們知道，人生是可以很精采的。**

至於給身障者榜樣，我不敢說我就是盲人界的 Superstar，但我真的靠自己的努力，在眼睛看不見的情況下，闖出一片天。

曾經我也以為自己是很可憐的人，如果早在二十年前你們認識我的話，你們可能也會覺得信宏是很可憐的人。

**因為我決定你們看我的角度：我看自己可憐，你看我就可憐。**

我要鼓勵很多身障朋友：的確我們的身體狀況，讓我們很辛苦，因為身體不方便就一定會比別人辛苦，這是客觀的事實。

但請記得：辛苦不等於可憐。

希望透過我的分享，去鼓勵這些身障者，把可憐標籤拿掉，可以用正向的方法及態度讓自己過得很好。不但成為自助的人，未來也可以成為助人的人。

這是我人生當中給自己重要的定義，也是我演講常提到的，我對人生終極的定義。

相信經典樂團的創立，緣由於民國 104 年，因為我學

薩克斯風的關係，又重新碰到幾個老朋友，他們是以前在伊甸基金會時候，認識的幾位視障音樂人，回憶時「各言爾志」、相談甚歡。後來我們就組了一個相信經典樂團。

一開始只有一個鍵盤老師、一個吉他，而我是主唱兼薩克斯風手。

我們都是年過四十年紀的老歌者了，也都愛唱我們成長那個年代的老歌。

團名是我取的：叫做相信經典。就是因為我們就是喜歡唱老歌。也因為這樂團裡，我叫信宏，吉他手是信盛，都有個「信」，也契合團名。

我在演唱會時也常會對台下聽眾說：我叫林信宏：只要相信就紅了。

喜歡老歌，喜歡經典，我們相信經典永流傳。

以下也列出，我們相信經典樂團的大事紀：

2015 年成立相信經典樂團

2017 年舉辦人生第一場圓夢演唱會

2019 年，我滿五十歲，決定自己要當自己的伯樂，我送自己的五十歲禮物，就是發行樂團首張專輯。

那年找了樂團薩克風老師，張林峯老師擔任我唱片的製作人。也邀請樂團吉他手鄭信盛老師來一起幫我創作。2019 年底開始錄製唱片。

2020 年，一月十七號專輯【夢想的秘訣】正式發行。

原本以為自己 2020 後努力宣傳成為暢銷歌手，也能夠音樂領域佔有一席之地，但是人生當中很多事跟我們想的不同。就在 2020 一月發行唱片的那個農曆過年後，突如其來的 Covid-19 席捲全球，台灣也遭逢第一次的疫情肆虐。

當時所有活動、想法，通通被按了暫停鍵，所以我也就暫時擱下了這樣子的宣傳活動。沒辦法在很好條件下，去宣傳這張唱片。

當時最大鼓勵，來自黃佳興老師。在當時疫情還沒完全封閉前的最後一次課程中，他邀約了非常多學員給予我最多鼓勵。當時光老師加學員就幫我買了七八百張專輯。對我來講是無比重要支持，非常感謝。

在公益方面，相信經典樂團，透過 Charles（簡郁峯執行長）的接洽，2018 年在師大的大禮堂舉辦社區型演唱會，透過很多企業及個人，做到各種支持捐款贊助。2019 年後，每次演唱會也都會釋放一定比例的門票，把很多票券釋放給需要朋友，不管透過活動盈餘，或者透過很多粉絲朋友願意買待用票，可以來完成這樣子的公益傳愛。

雖然在疫情三年期間，的確很多地方沒辦法去，但隨著 2023 年疫情慢慢解封，各項慈善公益也持續進行。

　　就是這樣，我們的音樂傳愛，從 2016 年起心動念開始，一直到 2023 年，舉辦了二十幾場傳愛演唱會，未來也將持續推動這件事。這是個有影響力的旅程：從現在一直到未來。

　　本書也希望透過大家的支持，來促成讓這樣旅程往下走，我們把活動盈餘捐出來，或者活動中有些朋友直接贊助。另外也可以透過購買專輯，或透過 Dreamer 品牌的咖啡，還有書籍等，未來盈餘都會投入傳愛基金。

# Chapter.9

# 沒有到不了的地方

美麗的彩虹如夢似幻的總是令人嚮往

遙遠的星星永恆不變的總是帶來希望

然而你我都一樣是否遺忘最初的夢想

是因為現實阻礙我們方向

還是黑暗逼迫我們投降

當我把人生從 27 歲畫為一個界線。會發現一個有趣的對比：

27 歲以前，我其實還算看得見的，在學生時代，更是尚未發現自己罹患視網膜病變。那時的生命基調應該要是「光明」，但我的心卻偏向黑暗，總是自卑自憐自艾自嘆。甚至讓自己跌到絕望的谷底。

27 歲以後，我視力越來越差終究變成失明，這時我的生命基調可說是「黑暗」，反倒我把人生活得很精采，在不同領域獲致成就，真正做到讓大家看到「只要你願

意，沒有不可能的事」。

　　這是段由「光明中的黑暗」走向「黑暗中的光明」，一段波瀾壯闊的歷程。

　　今天我可以站在舞台上，面對喝采，面對大眾給我的期許。回想從前一路走來的點點滴滴，百感交集。

　　很慶幸我勇敢地做出每個抉擇，讓我可以在黑暗中創造光明。


### ◈ 毅然決然地離開舒適圈

　　一個到了三十歲仍在擔任工友的人，後來是怎麼變成舞台上的歌手呢？

　　這中間經歷過一個重大抉擇：我要選擇安穩的公家生活，還是要冒險去挑戰不可知的未來。

　　當年現實的情況是，已經在警察大學擔任工友服務十多年的我，不是不想走，而是我走不了。我和家人都需要我的收入。此外，我那時也不知道，不在學校當工友，一個盲人還可以做甚麼。

　　我是在民國 84 年，透過貴人同學陳順基啟發，開始去接觸盲人世界後，才知道一項盲人賴以維生的重要技藝：按摩。當時也才知道盲人還可以從事好比音樂表演、

廣播主持等行業，甚至我也知道，原來就算是盲人，也能夠賺得不錯的生計，只要肯努力，盲人並不是我想像中的以為都是窮人。

也在那段日子，我逐步累積自信，多方接觸各種學習領域，但基本心態就是好玩與嘗試。也漸漸地發現：我原來是個還不錯的人才呢！不論打棒球、學跳舞，我都可以做出一番成績。

自信的確需要靠經驗累積，重點是持續的行動。

其實人是很容易被催眠的，重點在於是好的意念催眠還是壞的意念催眠。

例如我從前一直覺得自己很卑微很可憐，這就是一種壞的催眠，源於早先父母以及社會的傳統思維認真，加上我自己給自己貼上標籤：於是結論就是我很可憐，甚麼事都不能做，終身沒路用，只能給社會救濟。

要改變，何不讓催眠的力道轉向？從負向催眠轉為正向的提醒。

記得高中時代，那時我依然延續著學生時代以來的自卑低調，可是有一天有個學姊跟我說：信宏，你長得很像某某某耶！

怎麼可能？她說的某某某可是本校知名的風雲人物，又帥又有本事。

我覺得這學姊只是在安慰我。之後又有第二個學姊也這樣跟我說：信宏，你跟某某某長得很像呢！我就想，怎麼連妳也來開我玩笑？

　　但之後又有第三位學姊，第四位學姊，不是在同一天，也不是在同一個場合，可是不約而同地都說我像某某某風雲人物。這時候我心有點動搖了，難道我真的像他嗎？

　　之後已經有六七位學長姊都曾提過這件事，這時我已經相信了。並且暗暗自喜：原來我長相算不差的。

　　在我心境比較幽暗的高中時代，當時唯一對自己比較的信心，就是我的長相了。

　　**所以自信心不是與身俱來的，也不一定是環境造成。重點在於自己心念的轉變。**

　　從前的我看到別人就很羨慕：他們可以買房子喔！他們按摩賺不少錢喔！這個人好棒，那個人也很強，怎麼大家都會那麼多東西，大家都好厲害喔！

　　但我總是以局外人角度來看事情，不覺得自己可以跟他們一樣。

　　是一直等到我能夠建立起自信，透過我親自參與，從打棒球、組舞團等一件件實績中累積出「原來自己也是做得到」的信念。

即使如此，我對生涯仍不敢做出大的抉擇。

也必須說，當時的一個外力無意間推了我一把。

民國 91 年，警察大學公布了一項人事政策，那也是配合中央政府縮減人事的政策，當時就鼓勵公務人員，可以優退或優離。就是說，如果你已到屆退年齡，若想提早退休，政府會給你一些好的方案，會給你多加幾個月退休金。如果自願資遣，也會除了原本資遣費外，額外加發七個月資遣金。

原本我就心中有著是否轉職的掙扎，但就是因為面對現實的未知，少了一股推力。畢竟，人要做重大抉擇，需要智慧、需要勇氣，也需要時機。

而那年剛好有這個優退方案，已經在警察大學服務十三年的我，按照勞基法規定，依照舊制可以領十三個月退休金，現在配合優退優離政策，還會加發七個月獎勵，也就是說，我如果當下離職，身上可以保有約當二十個月的薪水。

這讓我有勇氣，提出離職。畢竟，我等於有二十個月，也就是相當於一年半的時間，可以比照我還在上班時的收入。這段時間可以讓我去闖出一番名堂。

總之，「知道自己至少不會餓死」這件事讓我終於做出讓周遭人跌破眼鏡的決定：我一個眼睛看不見的人，確定可以在這裡被國家照顧到老的人，竟然想放棄這樣安穩

的窩，提出了辭呈。

當時我收到許多長官同事的勸慰：

別傻了，你已經看不見了，在外頭世界難以存活的。

我知道你是一時衝動，來，別那麼意氣用事，這辭呈收回去吧！

你好好留在這吧！政府保證養你到老，幹嘛想不開要離職？

可想而知，家人也都劇烈的反對。

阿宏你怎麼了？好好的工作怎麼突然說不幹了？不要天真了，外頭的世界沒有你想像的那麼好，連明眼人都很難混了，何況是你？

總之，除了永遠支持我的阿麗外，我所有的親友及同事們，全都對我離職表達反對立場。

但我依然決定離職。

民國 91 年 12 月 31 號，我正式離開我服務將近十三年的警察大學。


◇ **經歷危機更加珍惜工作**

當我還在警大時期，就已經開始學習按摩技能了，這也是我預計做為踏出外頭「險惡社會」賴以為生的基礎。但其實當時我也不知道我是否真的可以靠按摩長期維持自

己生計。實際上，我剛踏進這行時，業績也真的很差，畢竟我當時還是按摩界的菜鳥。

感恩有類似伊甸基金會這樣的機構，最早時候我的生計出路就是有賴這樣的機構來引薦。

我記得很清楚：民國 92 年 2 月 19 號，這天是我人生第一次以按摩為業，工作地點在中興醫院。

在醫院有個按摩小站，採排班制，如果有客人指定，就去幫客人按摩，如果客人沒指定由誰按摩，就依照輪值順序。

那時我一個禮拜去中興醫院半天，汀州路的三總兩天。每去值班，雖說工作時間八小時，但其實真正按摩時間只有兩三小時，大部分時候都是在一旁等待。

第一天按摩回來，我就有點欲哭無淚的感覺。

怎麼辦？我手臂痠痛到根本快受不了，但我才工作第一天耶！這麼痛，那往後我怎麼靠按摩過一輩子？

可是我已經沒有退路，咬著牙也必須做下去。靠著冰敷等居家簡單治療，第二天仍需忍著疼痛去幫客人按摩。

當然後來也知道，每個按摩界朋友都經歷過這樣的階段，最終都會習慣的。後來我還自己研發出新的按摩手法，叫做律動式按摩，既可以讓客戶筋骨舒服，也能讓按摩者減少不當施力。

原以為我已漸漸習慣按摩的工作作業模式。

卻不料一個鋪天蓋地的大狀況來襲：民國 92 年四月，爆發 SARS，月底疫情嚴重，和平醫院封院。緊接著，全國大大小小醫院的按摩站都暫時關閉。

一下子，所有按摩朋友們都失業了。

這災情真的來的不是時候：如果 SARS 早點發生，可想而知，我肯定不會貿然選擇離職。如果 SARS 晚個幾年發生，那時我至少已經是老鳥，可能比較知道如何因應。但偏偏發生在我剛入行才兩三個月的階段，當時我真的感到欲哭無淚，未來不知何去何從？

當一個人被迫在家等待，彼時長官及親友的話語一一浮現腦海，他們說外面沒那麼好混，果然如他們所料，我被困住發生危機了。我怎麼那麼傻？怎麼當時那麼固執都不聽勸呢？

人在低潮時，負能量思緒肯定源源不斷的來洗腦。所幸當時我已經沒有退路，就算想後悔也來不及。我被逼迫著要勇敢面對現實挑戰。

那時為了生計，沒辦法也得想辦法，我去到處跟親友拜託，有人想要按摩請多多推薦。在那樣的慘澹時刻，一個月收入有五千元就已經算不錯了。更糟的是，我剛離開

警大時，趁著當時有筆錢，跟著阿麗已經買了間小房子，事後來看這是很正確的理財，但在當時生計沒著落，每月還得負擔房貸，的確是很大的壓力。

還好終究我撐過來了，SARS 風暴來的又快又猛，但也去得很快。前後大約只有三個月時間。後來醫院各按摩小站又恢復營運。

也因為發生那樣的危機，刺激我更想方設法去開拓案源。所以我工作有兩大主力模式：固定到醫院的按摩小站排班，以及自己承接外案，也就是所謂Soho的概念，以個人工作者到府服務，或者到後來我有自己的工作室，客人會來我工作室按摩。

在那個一切靠自己努力，每月從零開始，而不像從前每月不論做好做壞都有薪水進帳的時期，也刺激我不斷做思考。

有家要養，扛有重大責任的我，怎樣才能不但做到基本維生，還可以朝更好的生活邁進？畢竟當年我也曾抱怨父親不思進取，每天只是唱歌應酬得過且過，那現在我自己呢？我有認真規劃我的未來嗎？

**也就是透過思考，我深刻認知到，收入的多寡跟我的實力有密切關係，我必須讓自己變成一個「有價值的人」，才能改變我的生活。**

感恩當我工作出狀況時後，阿麗是我最堅定的靠山。那時我擔心繳不起房貸，阿麗輕輕拍著我說：別擔心，我也有收入，支付房貸沒問題的。

　　民國 92 年七月底，疫情狀況已經被壓下來，八月份各大按摩小站陸續回復營運。當時中興醫院推出一個新制度，為了保障盲人不要總是辛苦奔波，醫院推出證照制，只要審核通過，就可以一次值班三天。我當時也立刻報考，通過後就真的可以在中興醫院按摩小站有個穩定的值班。

　　也因為曾經歷過像 SARS 這樣的危機，當工作恢復後，我更加地珍惜得來不易的工作機會。這讓我工作態度更加認真。

　　**生活就是這樣：你越認真，表現就越被看見，越被看見，就越能得到更多收入。一個人生活可以得到改善，背後道理很簡單，就是心態正確，認真踏實工作而已。**

　　就是這樣，我在努力工作一年後，到了民國 93 年，我就已經存入人生第一桶金：當時存款已有一百萬了。

### ◈ 我怎樣成為明星按摩師？

按摩可以賺大錢，可以讓一個盲人過不錯的生活嗎？

我想，任何一種技藝，任何一個行業，只要你能用心把它做到極致，都可以為自己締造美好的生活。好比有人煮飯做菜，足以開一家小麵店維生，但更有人把廚藝發揮到極致，變成名廚，甚至成為青年學習楷模。各種技藝都是如此：剪頭髮、做黑手、玩紙牌、打撞球…每種技藝都可以。當然，按摩也一定可以。

我的按摩技藝已經達到一種境界，那就是許多人都指名找我。甚至經常有這樣的情況：偌大的按摩小站裡，明明還有幾張空床，但就是很多人寧願在一旁排隊等我。

初始我也沾沾自喜，覺得自己很真有本事啊！可是後來我領悟到一個道理：就好比當我們去某個夜市，那裡有四攤蚵仔煎，價格都一樣都是一盤六十，其中有一家特別好吃，人龍排很長。這是為什麼？無非就是同樣的價錢大家當然要吃 CP 值最高的。同理，在按摩小站，每個人按摩價格都一樣，那花同樣的錢就要找最優秀的。但這件事同時也告訴我，我已經到了一個天花板了，在按摩小站我已經做到頂了，未來也不可能有突破的發展。

除非我拓展其他市場。

我後來也退出了按摩小站，那意思就跟我之前退出盲

人棒球隊，以及盲人舞蹈團一樣，我覺得這已經不是我的主舞台，我應該把機會留給別人。至於我自己，必須去開拓更寬廣的戰場，那代表著又是一段艱辛旅程，但如今的我，已經有勇氣不斷去挑戰新的未知。

接外案是最初的做法。那時候我忙到真的不誇張：就是沒日沒夜。好比說，深夜兩點了，我當然已經睡著了，忽然被一通電話吵醒。

「林先生，現在有沒有空？你應該還沒睡吧？」

「沒有，沒有，我還沒睡。……好好好，我一會就到。」

阿麗當然也被吵醒了，但為了工作，也快快幫我整裝完畢，立刻深夜叫車前赴客戶家。這類客戶其實也不好，因為有的可能是貴婦人打了一整晚麻將，腰酸背痛的，需要按摩：有的可能從事的行業，真的就是半夜才下班，反正客戶一通電話，我通常義不容辭就過去服務。這種指定的外案，時薪比較高，當然交通車費，也由對方負擔。

每天就處在待命中，從早到晚都可能接到電話，一天工作超過十個小時（還不含交通時間）是常態。有時候晚上回家吃個飯，邊吃邊覺得快睡著了，可能睡沒多久，一通電話來，我又趕忙銜命出門，拼收入去了。

所以一年內可以存到百萬，那過程不輕鬆，是扎扎實實拼命拼來的。

也曾有其他盲人請教我，到底怎樣才能把生意做得像我一樣興旺？答案就只是靠勤勞嗎？我就跟他說，勤勞其實是基本功，做各行各業本就要認真從事。但很多盲人朋友為何接不到足夠的按摩生意呢？關鍵其實在於形象管理。

　他們往往都忘了：自己本身看不到，但客戶看得到啊！以為反正看不到就疏於打理自己，代價就是客戶指名度低。

　以我本身來說，我每天出門前一定讓自己衣裝得宜整齊，頭髮鬍鬚也都處理得乾淨清爽。基本的洗澡儀容打理都做得很到位，我總是呈現出自己最好的形象。讓客戶覺得由我服務，既專業並且與我相處很愉快。

　就這樣我不到一年內，由當初幾乎沒甚麼按摩機會的菜鳥，成為小站業績第一名（並且成績遠遠跟第二名拉開不小差距）的紅牌按摩師，後來也自立成為生意興隆的按摩接案工作者。

　我當然也有想過，這樣全憑舟車勞頓賺錢其實不符效益：若犧牲健康來換得收入也不見的划算。

　每天腦子不停運轉的我，就想到，如果不以到府服務為主力，改為居家服務，也就是設立自己的工作室呢？

　初始我這邊的住居條件不佳，因為當時住的是小房子，只能利用客廳的空間，可以擺張按摩床，每當有客戶

來，就須把桌椅等搬到臥房。那樣雖然還是有熟客來，但老實說空間狹窄，也不符專業按摩的空間形象。

有問題，就要改善。也因此，刺激我先是提升自己的工作場域，正式設立工作室，後來也自己創業聘僱一群按摩師成立一家按摩企業。

好，還要更好，說起來這就是一般企業經營的歷程，我只是踏實去執行。用行動力展現獲利的企圖心而已。

### ◈ 創業讓我學到的事

先來說說結果吧！我的按摩創業，以結果來說，是失敗的。

所以凡事不是努力就有好結果，那歷程也讓我賠了不少錢，但人生就是這樣，至少我有嘗試了，而非故步自封。我做過了，雖然失敗，可是也獲得寶貴的人生經驗。

那時我覺得原本的個人工作室太克難了，那根本不算工作室，只是在擁擠的客廳幫人按摩。因為這樣，也恰好當時我們理財規劃上，本就想要換房子，後來就買了一間三十七坪的大房，其中有一個房間，就可以當工作室。布置裝潢起來也有模有樣的，客人也覺得很體面。

很快地，我的新工作室對外公開後，沒多久就又是門庭若市的局面。我的技術算是很到位的，有很多企業家都指名找我。

　　那回就是有個上市電子公司老闆，他是透過阿麗上班的證券公司引薦過來的，也經常來找我按摩，特別是每回長途出國差旅回來，第一時間就來找我報到。

　　常常為他服務，彼此也算可以聊天的朋友。他就以企業家的眼光跟我說：

　　阿宏啊！你技術這麼好，是不是應該帶徒弟啊？你想想，你每天那麼辛苦，但老實說，一個人從早忙到晚，又能賺多少錢啊？你說是不是？

　　這老闆講得有道理。問題是，我一個盲眼人，可以經營事業嗎？

　　那老闆繼續鼓吹我：

　　阿宏，你不用擔心正式開店後沒客人，光我這邊，我每次出國回來也會引薦海外客人來這裡。但總不能每次來，都是一群人排隊等你吧？如果只有你一個人，我如何敢把客人帶來？

　　後來不只一個老闆鼓勵我，還有其他的也都是事業有成的社會成功人士，都曾給我相關的建言。其中一位是

台灣知名的家電經銷商老闆，他還跟我分享人生哲學，
他說：

**人生啊！有三個階段：**

**二十歲前是學習階段，二十歲到三十歲間，則是找尋
人生方向階段。三十歲到五十歲就是最黃金的拚事業階
段。如果五十歲前沒成就，那到了五十歲一生基本上就定
案了。**

這位老闆的話深深刺激著我的思考，那時我也快四十
歲了，意思就是說我的黃金歲月已經快過完了。既然那麼
多大老闆都鼓勵我開店。好吧！我就開店吧！憑著我的技
術，一定可以揚名立萬的。

理論沒錯，我也夠認真夠努力，問題是：企業經營是
門學問，不是僅憑技術或努力就可以成功的。事實上，經
營管理這件事，獨立起來就是一門深奧學問。

關於我的創立歷程，實務上都可以再寫一本書了。這
裡只用簡單幾句話說明：我後來沒經營成功，忙了約三年
後，最終我的店還是黯然收攤，原因是甚麼？就在於我雖
然開店了，但我其實還是以個人 Soho 的思維在做事，我
缺少老闆的格局思維，這方面我沒受過訓練，也並非我專

精的領域。

我是在民國 97 年創業的，在西門捷運站旁大樓樓上，租下一間不小的房子重新裝潢，店名取為宏 18，這是我自己想很久，想到的一個具備多樣意義的店名。

「宏」指的當然就是我，宏 18 英譯就是 home spa，同時 18 的寓意就是，只要來信宏的店，你就會變得像 18 歲一樣健康。

店名取得好，也有很多客人上門。但那年我就碰到兩個危機。內在危機，就是前面我說的，我雖然開店了，但還是以個人工作室心態在經營。如果說客人來都還是指名找我，那我聘那麼多人在場乾等，有何意義？

另一個危機就是外在大環境危機，民國 97 年一件全球大事，就是金融海嘯。這件事真的影響很大，我有的客戶真的就因此事業出狀況，這樣的時候他們也沒法來做按摩了。

總之我撐了大約三年，生意其實也還可以，但算一算，每天辛苦賺來的錢，很大一部分都拿去支付房租還水電以及人事開銷。深夜忙碌了一整天回房間，會自問：信宏，你在忙甚麼？每天操勞，最終也沒賺到甚麼錢？有必要嗎？

民國 100 年我就店頂讓出去了，整個計算扣掉當年裝

潢開銷等等，這三年創業大概賠了四百萬。

但實在說，我並沒有後悔。

**我覺得人生啊！寧可後悔也不要遺憾，這是我常告訴自己的。**

**後悔是說我頂多做錯誤了決策，但不代表這一生都是遺憾，但若心中有夢，卻從來沒勇氣去落實，那可是遺憾一輩子的。**

我也真誠地問自己，我雖不後悔，但總要問自己，經歷了這三年辛苦創業，甚至我將近十年來的積蓄幾乎化為烏有，我得到了甚麼？

答案是我依然得到了無形的價值。

首先，那三年創業當老闆期間，為了工作我精進學習。那時除了按摩外，我也開始自修中醫的書，從中找到的養生方法，對我中年以後的健康很有幫助。

第二，一邊研究中醫，我也從中接觸了很多中國哲學，畢竟中醫本身很大一部分就是植基於道家哲學。因此奠定了我對國學的興趣，我重新去閱讀許多的經典，對我人生格局開闊很有助益。

傅佩榮教授曾講過：三十歲前要學儒、四十歲後要

學道。

學儒，你才會對人生充滿目標，勇往直前。

學道，才知道很多事情，當你經歷過後，才知道跟以前你學習的，不一定是一致的。

聽來很矛盾，但人生本就是不斷學習再推翻，學習再推翻的歷程。每一次翻轉都是一個新境界。

做為本章的結束，讓我用道家的思想做闡述。

**一個人人會有的大哉問：人為何會活得不開心？會沒有辦法滿足現狀？**

**答案是：我們會覺得痛苦、會覺得不滿，就是因為我們經常把過程當結果看。**

聽來有點玄，但用一個成語就可以說明一切，那就是「塞翁失馬、焉知非福」。

相信大家都聽過這個故事，每當有喜事發生，結果後來接著是樂極生悲。當以為發生慘事了，後來卻又因禍得福。類似這樣的情境不斷上演。

所以真正蓋棺論定前，所有事情都只是過程。

你現在覺得不開心？那只是過程，可能明年你就會翻身。你現在得意洋洋？那也是過程，誰曉得不明天會不會一個風暴就把你打倒？

如同塞翁失馬的故事，如果從個別的片段去論斷，好比說從公子斷了腿這件事去論斷，那就是悲劇。但後面發生了因此免被徵召上戰場，得以保住性命。從片段事件中就無法看到。

　　任何的事物都該如是觀：所以我們勝不驕敗不餒。因為勝敗都只是過程。
　　這是我的人生體悟。

# Chapter.10

········································

# 新樂章：野百合也有春天

　　別忘山谷寂寞角落 野百合也有春天

　　從十七歲那年，一個青春迷茫的少年郎，在圓山旁的公園唱著《野百合也有春天》。

　　時光荏苒，如今距當時，已經過了將近四十個年頭。

　　每個人都會變老，從一出生就緩緩走向人生的盡頭。

　　重點是在歲月的歷程中，你學到甚麼？得到甚麼？體悟了甚麼？

　　我記得第一次的自力更生領到錢後的感動：

　　那是我在按摩小站從客人手中領到第一筆錢時，我感動到幾乎快要哭了出來。跟金額多寡無關，而是因為這是我自入社會以來，第一次真正靠自己實力賺到的錢，我感到很踏實。

在那之前，不論是在打字行當外務，或者是在警察大學當工友，我不覺得那是工作，那只是一種施捨。我做的工作都是請任何人來做都可以比我做得更好。但如今靠著按摩，那是我的真實技能，我付出勞力，我聽到客人說他感到很舒服，我邊收到他的錢，也邊品嘗著甚麼叫做「成就感」？

　　抓住那份感動，我告訴自己，我再也不要認為自己是「無路用」的人了。我真的可以靠自己實力賺錢了。


　　我珍惜這樣的自己，再累我也覺得很快樂。


◇ **我的投資理財觀**

　　談過了我的職涯，談過了我的創業，談過了我在不同領域的奮鬥。

　　讀者可以看到，我不算甚麼了不起的成功人士，我只是一個願意認真打拼，靠自己實力走出一片天的盲人。

　　但我做到了，並且可以讓我的生活多采多姿。

　　在本書最後，我要分享我人生不同面向的成長體悟。


　　先來談談理財吧！

　　盲人，就是看不見的人。從事很多工作都不方便，但

理財這件事，明眼人可以做的，我們也可以做，特別是我還有阿麗這樣的賢內助。

最早時候，我善用的第一筆錢，自然就是我離開警大時候得到的優退資遣金。那筆錢老實說，也不是多了不起的大金額。

但我當年做了一個決定：我投資買房。

其實很多時候，我們對許多事都有既定的成見。

例如買房子這件事，當年三十幾歲的我，原本就跟一般人的思維一樣：買房？我們這樣的人怎麼可能？如果說一般年輕人買房要不吃不喝好幾年，更別說是像我這樣的盲人了。過往時候許多人都被這樣洗腦著，許多人想都不想就直接放棄購屋夢。

但真正有機會去了解，才知道買房並不難。

民國 91 年我第一次買房子，原本一開始只是跟朋友聊天，聽他說已經在哪買了房子，我真心的說：好羨慕啊！你真厲害。

沒想到那位朋友跟我說，買房子沒甚麼啊！你也可以買。

真的嗎？不是利率很高嗎？

不會喔！貸款利率大約只有兩趴。並且銀行對買屋的貸款成數達八成，甚至還有機會談到九成。

這真是打破我的舊有思維。既然可以買房，趁著手上有一筆資遣資金，

　　91 那年，我和阿麗開始去看房子，當時我們自備款最多只能拿出八十萬，所以可以找到的物件老實說也不多，主要心境還是抱持著先看看再說。

　　大部分物件價格都是超乎我們預算很多，後來聽到有一個物件，開價 460 萬，這個比較接近。但還是太高，我當時就有語帶保留的問說：如果 400 萬願意賣嗎？心中根本不抱甚麼期望。

　　沒想到，這個訊息放出去後，當天就接到仲介的電話：

　　**林先生，恭喜你，屋主同意這個價格，你何時要來簽約交屋？**

　　當下我愣在那裡，覺得好像作夢一樣。原來我真的可以買到房子。這就是我和阿麗買的第一間房子。

　　第一次沒經驗，也不敢砍價。

　　幾年後隨著我經濟能力提升，當時也因為想設立工作室，必須買大一點的房子，這回我們經驗比較老道的，懂得殺價。

　　那年剛好因為外在環境因素，民國 93 年發生的一件

大事：史稱兩顆子彈事件。當年競選總統的陳水扁先生被槍擊了。

　　這樣的大事導致社會動盪不安，房價也應聲下跌。就在那個時間點，我和阿麗在找房子。有個位在長沙街的物件開價 880 萬，我們也就不客氣的殺價，我們直接喊價 600 萬。

　　最終經過仲介來回折衝，價格有被調高，但最終我們還是以 680 萬成交。這是一筆很不錯的投資，雖然當年並不著眼於投資，而是想要做為居家兼工作室。無論如何，以結果來說，我們算是在房市低點時進場，到了後來我們把房子賣出時，房價已經飆升到 1600 萬以上，那差價老實說非常驚人。

　　我跟阿麗當年賣這棟房子，也不是為了賺差價，實在是因為當時已經不經營工作室了，並且稍後我會提到，當時因為大環境因素，百業蕭條，我暫時沒有收入需要資金，也因為我跟阿麗婚後考量到我的眼疾擔心會遺傳，所以婚前就說好不生小孩。單單我們夫妻倆住那麼大的房子，光打掃就很累，並不符經濟效益。所以那年才會想賣房子改住小一點坪數的房子。

　　總之，這裡我想要闡述的，人生很多的限制，都是自

我設限。好比說早年我不敢買房，真正買房時也不太敢殺價。都是因為心中有預設的框框，以為這也不行的，那也不行的。

實在說，如果當年我選擇讓自己被各種框框給綁住，那我根本不會離職，身為盲人我也不可能去肖想要參與甚麼體育、音樂等活動。那樣的我只會是個乖乖牌，或許到老時，靠著政府的照顧，依然可以有個安穩的退休金。

但這樣的「只為活而活」的人生，是你要的嗎？

我雖是盲人，但我每天還是持續關心著社會大事，在投資理財上也算是很勇敢的。例如當年我賣掉那間三十七坪房子後，手中有點錢，我即刻把錢投入不同的股市投資，並且仰仗的是我自己的分析判斷，以結果來說，我在短短半年內，就賺到超過 80 萬的獲利。

我不是財經科系出生，我也沒有套用甚麼股市名嘴的公式。我只是實事求是，認真做功課做分析。證明一個盲人，也一樣可以透過理財，提升自己的生活。

### ◆ 學習，才能改變人生

其實學習真的是一件很有意思的事，當你抓到竅門，

又會學習更多，然後發現後面還有更高的境界，不斷學習迎向新境，這是人生一大樂事。

就以前面提到的房子投資來說，我後來也算資深購屋人了，畢竟在那之前我就已經買過兩間房子。後來我還真的以純投資的角度去買屋。我在我們住家同一棟大樓，買了間小套房。我純粹當個包租公。

那個年代房價漲得有些誇張，包括租屋市場也很活絡。

真的很好租，好租到甚麼程度呢？當我們把房子裝潢好正式貼上 591 租屋網，一上架就很多人點閱，邀約要看屋。而行動最快的人立刻來找我們，然後我們半小時內就把房子租出去，拿到第一筆押金及租金。

室內坪數才九坪左右，卻能租到兩萬元。原因是西門町這裡地段好，並且我們的房子是新成屋。

這間房子陪伴我們也算很久，從民國 102 年，一直到疫情興起的民國 109 年，不誇張，我們租屋沒有空窗期，前一手剛退租，後一戶就搬進去，永遠都滿租。

直到後來也是基於理財因素，當我們計算投報率，覺得扣掉房貸以及裝潢維修等，投報率不算高。並且疫情期間真的很慘，當時我甚麼事都不能做：按摩事業不能進行、也無法做街頭藝人，所有跟人與人接觸相關的行業都受到打擊。

那年也是我自出生以來第一次看到西門町竟然變空城，過往就算西門町曾有一陣子沒落變得蕭條，甚至像是春節期間大家都回南部探親了，在那樣時候西門町都沒有像疫情發生時候那樣，路上真的空空蕩蕩，站在定點算，一整天下來，可能經過的人不到十個。

總之那時候因為疫情無法工作收入歸零，為了減輕房貸壓力，後來也把房子賣掉了。

疫情期間，百業蕭條。但有一件事我從不中斷，那就是學習。就算實體課程不方便，我還是可以參加線上課程。也因為這樣的學習，我在疫情期間還是持續認識新朋友，並且這些新朋友，也改變了我的生活。讓我持續成長。

例如佳興成長營就是帶給我很多學習的園地。黃佳興老師本身是激勵我成長的人生學習貴人，而在那個場合我也認識像是林玟妗董事長等貴人，林董就是讓我可以圓出書夢的貴人。

以學習來說，佳興成長營帶給我很重要的思維，在此也跟讀者們分享：

**學習是通往成功很重要的道路。包含夢想，都需要有賴學習來建立連結。**

　　**當一個人沒有學習，那就代表著他總是依賴過去的經驗而活。**

　　**試想，如果一件事你根本就不知道，那你怎麼能想到？**

　　**唯有透過學習開闊視野，你的思維才能被打開。**

　　人是慣性的動物，就是說，基本上你今天做的每件事都跟昨天大同小異，每天起床後的例行流程，上班的路線等等，都跟昨天一樣，甚至你都沒注意到這些事發生，因為你已經習慣，這些事成了自動自發的動作。

　　我們都知道，每年過年那當下，人們總愛許下許多願望：想賺大錢、想升官、想變瘦、想交到女友……等等。

　　但很奇怪地，每個人一方面許下願望，一方面卻仍依照過往的行為模式。

　　**如果說，你今天做的每件事都跟昨天一樣，卻又期待著會有個不一樣的明天，那不是很奇怪的事嗎？**

　　所以人們需要學習，因為唯有學習才能開拓視野，學習才能打破慣性，唯有改變今天的行為，脫離你的慣性。真正去做出「不一樣」的行動。你的人生才有改變的可能。

這是我近幾年來積極學習，很大的體悟，跟各位讀者分享。

### ◈ 加入扶輪社繼續發光發熱

　　接著我要分享我參加社團的經驗。

　　我參加扶輪社也是植基於想要學習，畢竟扶輪社一開始就標榜著來此主力不是要從事商業行為，而是聚集同好，大家都想成為助人者。

　　參加佳興成長營對我影響很大，刺激我改變思維。包括參加扶輪社也是，過往我總認為：扶輪社，那是有錢人才能加入的。一開始就已經為這團體貼上標籤，認為跟自己無關。

　　我是因為思維改變，才試著以更開放的心去了解從前不熟悉的事物。加上我成立相信經典樂團後，我的首次圓夢演唱會執行長 Charles 簡郁峯，他就是個扶輪人。那年知道他自己也創立了一個社，名叫台北旭東網路扶輪社。

　　那時我才知道，扶輪社並不一定要被認定是富人俱樂部，其實月費也才 3500 元。連上班族都負擔得起。重點是，假定你本身想行善，原本每月 3500 元其實也做不了太多事，但透過社團的力量，就可以在公益事業上發揮很大的影響力。

抱持著服務的心態，就這樣我加入了扶輪社。

　　其實扶輪社不是個用來做生意的地方，但絕對是個可以讓更多人認識自己的地方。我畢竟是個藝人，也希望自己以及我的樂團被多多看見。

　　進入扶輪社成為社員必須要取暱稱。我本來是用英文名字 Cliff，但創社社長 Charles 覺得這名字太平凡，無法帶來深刻印象。

　　那要取甚麼名字呢？由於 Charles 曾是我們相信經典樂團的執行長，他跟我說：你的樂團不是要大家相信經典，相信夢想嗎？那何不取個跟夢想相關的名字？這樣吧！你的暱稱就叫 Dreamer。

　　剛開始我覺得這名字聽來怪怪的，但一次兩次下來，在不同的場合自我介紹，後來各種活動也都用這個名字，漸漸地我也覺得稱自己是 Dreamer 挺好的。

　　也真的參加扶輪社三年多以來，許多人都知道有個視障歌手社友叫做 Dreamer。

　　有一個機緣，友社社友邀我去出席她的活動，並且獻唱一首歌。她說那是個公益畫展（所以我也知道，公益就代表我無法收到酬勞的意思）。當天我就抱著可以奉獻的心去參加，也很高興的上台唱歌為活動募款。

但知道嗎？緣分牽繫就是這樣：我受邀坐在前排貴賓席，那時坐在我旁邊的一位女士，正好就是永齡基金會的執行長劉宥彤小姐。當天我們也相談甚歡。

　　過沒幾天，我就接到承辦鴻海尾牙的公關公司電話，邀我去鴻海機構的晚會唱歌。（雖然我並不確定是否是劉小姐的推薦！）

　　鴻海集團耶！我過往作夢都不敢想，沒想到現在我有機會受邀去鴻海尾牙宴席上唱歌。當天鴻海董事長劉揚偉親手跟我握手致意，還致贈我額外紅包。

　　原本認為去參加一個公益畫展活動，就只是付出不會有報酬。結果後來得到去鴻海唱歌的機會，以單首歌來說，是我收過報酬最豐厚的。不管如何，我相信保持良善的心，是能得到祝福的！

　　關於尾牙，我後來有個創舉，也是因為透過社團朋友的相挺才能執行。

　　原來民國109年開始，受到疫情衝擊，很多公司不辦尾牙了，也沒有春酒。讓很多演藝人員斷了一個年度重要收入來源。

　　我自己的相信經典樂團，雖然不是老闆跟員工的概念，但我依然覺得身為團長，我有責任創造表演機會給團員。

　　那年我就想到，如果都沒人邀請我們去尾牙表演，那

何不自己來辦一場？

　　我的創舉就是：我自己當主辦人，在國軍英雄館席開三十五桌，歡迎個人團體公司行號等來包桌或買餐券，也就是我主辦了一場聯合春酒。當時我也積極去找到很多贊助廠商願意提供摸彩獎品。

　　感恩，來自各界的相挺，包括黃佳興老師，還有扶輪社友，光這兩方就包了十幾桌。當天活動算是滿桌，賓主盡歡，我也讓在台上唱歌的相信經典樂團團員們都可以有收入過個好年。

　　之後我又辦了一場也是很大型的活動。地點在新北市多功能演藝廳。

　　原本是因為民國 108 年時，相信經典樂團就已預訂隔年八月十五日的演唱會。不料到了民國 109 年新冠疫情爆發，初始狀況不明，總之各個公眾場合都封閉，也不曉得到哪天開放。那年直到六月底宣布各場所可以開放運作了。但老實說，八月的演唱會，我只剩一個月宣傳根本來不及，硬要辦只會落得賠錢的下場。

　　但場地都已經預訂了，我於是跟 Charles 討論，是否將這個場地提供給扶輪社來運用？

　　Charles 還真的是個即知即行的人，他很快地號召許多人共襄盛舉。那年也正好是他回鍋來當社長，也想趁這機會舉辦一個大型公益活動。為我們國際扶輪 3482 地區

打造聲勢。

果然，到了八月十五號那天，這活動盛大進行。名稱叫做「愛就是光 扶輪打開機會 經典傳愛演唱會」。當天除了相信經典樂團做為活動主秀外，我們扶輪社人才濟濟，也有許多擅長樂器、聲樂、舞蹈等等的社友，接力演出。

這場活動聲勢浩大，的確打響國際扶輪 3482 地區名聲，同時也打響一個人，也就是相信經典樂團團長——我的名聲。

從那天以後，整個扶輪社圈子，人人都知道有個旭東扶輪社，那裡有個盲人歌手視障社友。


這對我以後的歌唱事業也帶來很大的助益。


### ◈ 成為黑暗對話教練

接著我想來介紹一個成功的社會企業機構：黑暗對話。

黑暗對話目前在台灣有超過六十位培訓師，其中有四位主培訓師，只有兩位總培訓師，而我就是其中一個。


黑暗對話源自於德國，他的創立背後有一個故事。

1988 創立的黑暗對話，創辦人叫做安德烈。他從小出生在德國，爸爸是德國人，媽媽是猶太人。父母不同的族群身分，常帶來家庭衝突。

　　每次到爸爸家族聚會，他不受歡迎，因為媽媽是猶太人；相對的，當他去媽媽家族聚會時候，也不受歡迎，因為爸爸是德國人。

　　安德烈從小就覺得，為什麼別人對我的評價不是因為我的能力，而是因為我的血統呢？他很困惑：為何人們一定要在別人身上貼標籤呢？

　　所以他就立誓長大要破除這種貼標籤習慣。

　　長大後，安德烈在一個電台上班。有天老闆跟他說，隔壁部門有個人因為意外失明，最近要回來上班。之後要請安德烈協助他。

　　安德烈雖然口頭答應，但內心裡其實是不情願的。他心想：對方是盲人耶！會不會到時候連吃飯都不會，難道我還得餵他吃飯嗎？還有他既然看不到，一定做甚麼事都不方便，到時候事情還不都是丟到我頭上？

　　即便心不甘情不願地，已經接到任務的他，還是找一天先去拜訪那位盲人同事，想要先認識對未來合作有個準備。

　　那晚他尋著地址來到那位盲人同事家，按門鈴後，看到開門的人，安德烈第一個反應：我一定按錯門鈴了。盲

人不可能穿著如此整齊，行動大方。

安德烈於是說聲抱歉，他可能按錯門鈴了。沒想到對方立刻反問：你就是安德烈嗎？請進請進。

那人上樓梯非常自如，還提醒安德烈注意樓梯不要絆到。到了客廳，對方邀請安德烈坐下來，問他要喝茶還是咖啡。安德烈立刻起身，問說是否需要甚麼幫忙？對方說不用不用，你好好坐著就好。

整晚聊下來，若不看對方摘下眼鏡後的眼睛，安德烈真的看不出對方是盲人。

經過那晚的經驗，安德烈才終於了解，原來他以前都是帶著成見去看待盲人。明明他自己小時候曾立志將來要成為撕掉各種標籤的人，怎麼如今他卻在幫別人貼標籤？

原本以為很多事盲人做不到，但結果並非如此。那時安德烈問自己：

如果我是盲人，我可以像他一樣嗎？答案是：恐怕做不到。

大部分人到這階段就停止，但安德烈多問了自己一個問題：為何那位盲人做得到，我卻做不到，難道我特別笨嗎？

他想了一下發現：應該不是自己特別笨。安德烈覺得他跟盲人最大不同：盲人是實際上真的看不到，但我們一

般人對於「看不到」這件事則來自想像。

接著安德烈就想到,他可以創造這樣經驗讓自己體驗。於是就找一天下班後,約了同事一起到這盲人家裡。把室內燈全都關掉,體驗在盲人家裡,一起喝茶、喝咖啡、聊天、玩遊戲的感覺。也去體會盲人是怎麼做到的?

一開始只是一種好玩的體驗,後來發展出一個很棒的社會企業。安德烈想到:這體驗太棒,應該可以設計成很好課程,變成一種培訓模式。

就這樣,他在 1988 年創立了黑暗對話。這是個社會企業。

社會企業是個甚麼概念?這些年來全世界非常流行社會企業,也就是說用經營企業的模式來解決社會問題。

過去很多社福機構,若需要一百萬,那負責人就每年都必須想辦法透過政府或民間去募款。到了明年一切又從零開始。

社會企業意思就是:如果可以透過商業包裝設計,讓這些本來需要被幫助的人,可以透過這些能力的培養,讓他們可以透過商業價值展現,得到好的價值交換。

1988 年成立的黑暗對話社會企業,裡面的講師都是視障者,這就是一個社會企業創立的雛形。

2011 年由愛盲基金會引進台灣,成立台北黑暗對話目前黑暗對話在全世界超過一百七十個城市有據點,台北

是其中一個。

黑暗對話在台北成立後，每一位培訓師都是視障者，接受培訓後，就可以幫很多企業開課。

上課方式，在一個全黑教室，大家進去都伸手不見五指。但活動不僅僅是讓大家來體驗「甚麼叫黑暗」這麼單純。「黑暗」只是個媒介，希望創造這樣空間，讓學員進來後，當下第一個有震撼感覺，怎麼辦，看不見了？

接著學員發現：原本以為可以做得很好的事，但在這樣情況下卻做不好。可是反過來說，也會發現很多原本以為做不到的事，但是其實是可以做得到的。

這樣的經驗這很有趣。

課程有非常多的活動設計，這些活動都是非常專業的，過程中會巧妙放進領導、溝通、團隊分工、多元包容、創新思維、突破框架……等議題。

像是其中的多元包容，指的是換位思考或同理心，面對這些事情，很多我們原本以為自己做得很好，但是環境改變了以後，我們是否還繼續做這麼好呢？或者有些事我們覺得自己會做得不好，但其實自己可以做得到。

這就是透過活動設計，去看見每個學員的盲點，透過專業觀察分析，等大家走出黑暗進入光房後，再來進行下一階段討論分享。

透過非常精準的分析，告訴大家在不同面向上，到底

有哪些做得好？要如何保留？至於沒做好的部分，如何可以刺激新思維，幫助學員做改變？

因為所有改變都是來自於自我覺察，當我們沒有自我覺察時，是沒有改變的動力。

我們上課的對象並非盲人，而是許多大型企業，包括國內各大金控集團，也包括像是雅虎、Google 這樣的跨國大企業。都透過這樣的活動，讓團隊成員能夠建立同理心，幫助領導、溝通以及團隊合作。學習認識在不同的設定條件環境下，你會做出甚麼回應？可以將之應用在職場不同情境下。

我們是 coaching 不是 teaching。

目前也算是台灣社會企業中，表現比較優異的機構。

### ◇ 成為台灣第一位視障身分扶輪社社長

本書來到了尾聲，最後讓我來分享我是如何當上台灣第一個扶輪社盲人社長吧！

我是在民國 109 年二月入社，當年邀請我加入扶輪社的朋友是前任社長 Teresa，她希望我有機會加入扶輪社，可以讓更多人可以認識有這麼一位努力上進，非常優秀的視障歌手。

當時我內心裡也想著，從前從前的我，是個處處需要別人幫助的弱勢者，後來我自我成長到，已經可以自己幫助自己，那麼，經歷過這樣兩個階段的我，是不是也該進入人生第三個階段呢？我想要成為一個可以幫助別人的人。

　　從人助到自助，到未來可以助人。我很開心希望期許自己可以提升這樣的境界，所以我決定加入扶輪社。

　　後來更有機會受邀，接任 2022-23 這屆的社長。

　　但在我即將就任時，大環境發生了無法預料的狀況。原本那時候 Covid-19 疫情雖然已經經歷一段時間，但台灣防疫做得非常好，所以對生活還算影響有限。

　　一直到民國 110 年（2021 年）五月份，發布了三級警戒，我才開始覺得有些緊張。眼看著一個月一個月過去，都完全沒有降級的跡象，更別說要解封了。我心想糟了，以我的事業，不論是按摩或者歌唱，如果一個月兩個月沒差事，我還可以撐得下去。但是如果這情況要持續半年甚至一年，那就大事不妙了。

　　如果連自己生活都出了問題，那我怎麼接任社長呢？

　　那年我內心非常忐忑，也曾跟好友同時也是創社社長 Charles 討論我的狀況，我告訴他以及社友：

　　無論如何我已經答應要當社長了，要在 2022 年七月一號赴任。我還是會全力以赴 把這角色扮演好。但也希

望大家能體諒，萬一到時候疫情衝擊沒有減弱，如果我工作沒辦法很好恢復，那我也只能盡力而為。或許很多事情沒辦法做那麼好，也請大家多多包涵及支持和諒解。

原本疫情情況很糟了，沒想到到了我即將就任的2022年五月份前，疫情發展更加令人擔憂：那年四月疫情大爆發，新聞每天都在報導有多少人被感染的壞消息。

我那時本來希望在就任時，可以舉辦一場公益演唱會，為自己上任社長打響第一炮，除了可以這樣另類的方式，打破大家認為扶輪社就是吃飯餐飲既定印象外，我也不希望把所有錢都花在吃飯餐飲上，想辦一場別開生面的演唱會。

然而疫情如此嚴峻，狀況非常不樂觀。原本想透過演唱會為社裡創造好的盈餘來做公益，這件事看來可能變成泡影，甚至活動可能會賠錢。

但長期以來，我透過像是佳興成長營這樣的學習場合，鍛鍊了堅強的心志，就算情況再怎樣不樂觀，我還是告訴自己：活動當天一定是高朋滿座、精采絕倫，大家都會非常開心。

我不斷在腦海中放映正向的畫面。我告訴自己，就算很多人擔心疫情，但肯定還是有認同我的人願意出席活動。我一定要完成自己的目標。

就這樣透過吸引力法則，腦海中不斷重複正向畫面，

雖然日常生活中經常還是會聽一些勸我放棄、以及種種的擔憂質疑，我選擇把這些負面聲音忽略，我只想看到正面的結果。

感恩後來的發展，活動當天我們的音樂會中，真的來了超過四百位嘉賓，不管是社友、粉絲或公益團體朋友，大家齊聚共同來欣賞這場別開生面的公益演唱會。

這場演唱會當時我寫了一句話：

**捐能力、做公益；搭平台，創未來**

我告訴自己，或許我不是大企業家，更不是大富豪，沒辦法捐很多錢做公益。但我有歌唱能力，我可不可以把我這方面能力捐出來呢？

肯定是可以的。

所以我辦了這場別開生面演唱會。

後來透過這場演唱會，不但把所有成本都能Cover，還為扶輪社留下超過二十萬盈餘，可以為社會做很多社會服務。

而什麼叫「搭平台、創未來」呢？

相信經典樂團都是由視障朋友組成，當天的精彩表演，也等於是賦予機會讓這些專業的視障樂手被看見。當天也幫天使藝術家，也就是發展遲緩孩子（慢飛天使），

在現場辦畫展，活動當下也幾乎把所有畫作都銷售一空。

　　現場也邀請了公益團體擺攤，非常多商品，在粉絲支持響應下，都有很不錯的銷售成績。同時也邀請了視障按摩師來為好朋友做服務，讓這些視障朋友得到很好工作機會、能夠被看見。這就是「搭平台、創未來」。

　　這就是我上任扶輪社長後，為弱勢朋友搭建的平台，也是我自己所樹立的全新扶輪精神。


　　在我接任這年，大環境是新冠肺炎繼續肆虐，從我就任那天起，全台依然處在三級警戒狀態中。

　　疫情期間維持社務運作更加艱難。


　　但怎麼說呢？既然這一路走來，甚麼不可能的遭遇我都經歷了。我還會怕挑戰嗎？

　　勇敢承擔，無怨無悔。


　　如今回首上任至今，一年社長的任期即將屆滿。我要感謝總監 Louis 與夫人 RIDN Naomi 賢伉儷願意接納、相信、支持我這位盲人社長！還有許多扶輪前輩先進給我溫暖的鼓勵！還有同屬我們國際扶輪 3482 地區第三分區所有的社長同學們給我許多的照顧與關心。以及旭東網路扶輪社所有的社友們，感謝你們這麼有勇氣，將這樣的責任

交給我來擔當。

　　當然，我也要感謝我自己，我願意相信，所以看見了一切的可能！最後，我最感謝的是這二十幾年來我最堅實的後盾與力量，那就是我的太太阿麗。是他讓我無後顧之憂，勇往向前，在這一年社長的任內居然也榮獲了地區頒贈的行善天下獎！

　　其實，要感謝的扶輪前輩，實在太多太多了！無法逐一備載！

　　真心的感謝扶輪這個大家庭，無論你在台灣或世界的任何一個地方。讓我真正體會到什麼叫做～想像無極限！人生無極限！

　　記得民國 106 年，相信經典樂團舉辦的第一場圓夢演唱會時。

　　我們扶輪社的創社社長，同時也是相信經典樂團的執行長，幫我寫了一段介紹文。在此我也以這段介紹文，做為本章的結尾：

　　　　信宏從十七歲就懷抱歌唱夢

　　　　經過三十年的等待

　　　　五年風吹日曬雨淋

　　　　從西門六號出口　走到西門四號出口中山堂

短短四百公尺　他走了三十年
終於登上圓夢的舞台
舉辦第一場圓夢演唱會

**這就是一個視障歌手的成長故事。**
**但暫時先別收起書頁。後面還有加場的彩蛋喔！**

# 走出黑暗迎向光明

**結語**

# 迎向光明，超越自己

　　感恩各位讀者一起來分享像我這樣一位盲人，是如何從「光明中的黑暗」走向「黑暗中的光明」。

　　曾經我看得到世界，卻看不清自己。

　　如今我看不見世界，卻看到了夢想。

　　本書最後，讓我來分享關於身體健康以及毅力，我的實戰經驗故事。希望可以帶給讀者，生活中實用的啟發。

### ◇ 第一樂章：迎向挑戰，以及第一階段的挫敗

　　這是關於我參加盲人路跑賽的故事。

　　差不多在民國 87 年，曾經有位路跑教練，想尋找一位很能夠跑馬拉松的視障選手，於是來到棒球場尋覓人才。那年我正是年輕體力最旺盛時候，教練第一眼就看中了我，邀請我去參加馬拉松比賽。並且他告訴我，有機會可以遠赴紐約參賽。

　　跑步？那有何難？我可是曾得過全國冠軍的田徑好

手。跑步對我來說根本不算甚麼挑戰。

於是教練邀請我先從參加三公里路跑賽開始。原本信心滿滿的我，這才知道，長程跑步跟短距離田徑，根本就是兩回事。

那回參賽，我因為沒經驗，不知道路跑都有交通管制，若沒及早進場，會被擋在外圍。等我好不容易找到報到點，其他選手早已出發。

當時的陪跑教練，看到我身材體格不錯，覺得我就算晚點出發，追上前面跑者應該沒問題。當下二話不說，喊聲「追」，就用陪跑繩牽著我邁開大步往前跑。我則心想，你敢衝，我奉陪啊！賣力往前衝。

原以為輕而易舉的事，卻不料長跑是需要訓練的，我這沒經驗跑者，才跑了一公里就開始上氣不接下氣，當撐到一點五公里折返點時，已經眼冒金星。再到兩公里時，我覺得實在跑不動，全身無力像是快死掉般。還得陪跑教練硬拖著我，才好不容易狼狽異常地撐到了終點。

一到終點，我整個人趴在地上，累到完全無法動彈。

原本想網羅菁英的教練，看到我的情況，嘆息著原來這年輕人中看不中用。

也就放棄招募我的念頭。而我自己也告訴自己，路跑太累了，我絕對沒有興趣，我還是專注在我熟悉的棒球項目吧！

◈ 第二樂章：挑戰二十一公里半馬，成功

　　世事難料，原本視路跑為畏途。但因緣際會地，我後來還是又接觸了路跑活動。

　　民國 88 年有一群愛好運動的視障朋友，籌備成立中華民國視障路跑協會，由於我在體育界也算名人，因此受邀共同發起這個協會，還成為創會理事。

　　我的想法：雖然我有些不好的跑步經驗，但運動本身還是好事，應該要來推廣，讓視障朋友一起從事健康運動。

　　也因為自己身為理事，協會舉辦的路跑，我也必須參加。

　　就這樣，我也抱著陪跑的心情，參加了五公里以及八公里的各類路跑活動。

　　跑著跑著，竟也跑出了興趣。我甚至開始主動長期地自我鍛鍊，在我當時工作的警大，校園裡就有操場，我會利用下班或假日時候，練習跑步。也逐漸地，我跑出經驗，不再是當年那個跑三公里就累癱的肉腳。

　　後來我就去報名二十一公里半馬。當年那個曾想發掘我當路跑選手的教練，也在場，只不過他現在已經培育一個真正的選手。對於那位選手，我對他給予祝福，但難

免心中也有分計較：現在的我已非昔日吳下阿蒙，跑起步來，可不會輸你。

結果實戰下來，我的確實力還差很多。第一次挑戰二十一公里半馬，歷程依舊非常辛苦，不過我還是有跑完全程，歷時兩小時四十五分鐘。

原本還帶著沾沾自喜心情去跟那位教練聊天，結果教練告訴我，他帶的那位跑者，跑完全程只花兩小時二十分。我整整差他二十五分鐘，非常漏氣。

那次的經驗，反倒刺激我的雄心壯志，我當時就立下誓願：我一定可以跑贏那位選手。

到了下一回再次參加二十一公里半馬，我成績已經進步到兩個半小時。開心地去找那位教練，才知道對方跑了兩小時十五分鐘。還是比我快十五分鐘。

這真的大大刺激到我，那天以後，我更加勤練，當時我服務的警察大學位在桃園龜山，我經常下班後找同事陪同，一起挑戰爬坡跑山路。

三個月後，我再次參加二十一公里半馬，並且締造了不到兩小時就跑完全程的新紀錄。也真正贏過那位選手。

所以人生的各種挫折挑戰，就好像我的路跑案例：我用正向來面對別人的刺激，化為努力動力，這也是運動當中很大的學習。

### ◈ 第三樂章：挑戰四十二公里全馬，決心放棄

挑戰半馬成功了，接著是全馬。理論上全馬是四十二公里，也就是跑兩次半馬的意思。實際上並非如此，那難度差太多了。

基本上，第一段二十一公里，就跟跑半馬一樣，這沒錯。但下一階段的二十一公里，就完全不一樣了，那等同再跑兩三次二十一公里的概念。非常非常累。

由於那時我已長期養成路跑習慣，每天都有練習，加上有路跑前輩的指導，我已經懂得如何結合配速，規劃跑完全程。

第一次跑全馬，直到前面三十八公里，我都能依照自己的配速規劃來跑。原以為後面只剩四公里應該很簡單。卻不料過了三十八公里後，我的體能下降非常快，進入撞牆期。我只記得舉步維艱，莫說跑步，連走路都非常痛苦。

陪跑教練必須不斷鼓勵我，我好不容易能撐到終點。

知道嗎？前面三十八公里我只花了四小時，但後面那四公里，我卻花了超過一個半小時才跑完。回到終點耗時五小時四十幾分鐘。

回到終點的我，感覺痛不欲生，兩腳像兩塊大石頭，完全舉不起來。

這就是我人生第一次全馬挑戰的經驗。

那回的經驗是如此的痛苦，乃至於我真正告訴自己，這麼辛苦的運動，我真的不適合，那年我三十歲，決定徹底放棄各種馬拉松比賽。

當然還是保留跑步習慣，但只是種自我鍛鍊，讓身體維持健康。

從三十歲到五十歲，我都有維持運動習慣，就是在家裡買台跑步機，每星期跑一次兩次，每次十公里這樣的概念。

### ◈ 第四樂章：感受歲月催人老

以故事後來的發展來看，我後來又挑戰馬拉松了，並且是在我年過五十以後。到底發生了甚麼事了呢？原來，我改變了我自己。

首先在本書前面介紹我的故事時，我也曾提過自我形象管理很重要，包括服裝儀態，也包括說話氣質。另外，我算是公眾人物，也期許自己擁有好的身材。畢竟不管對我的按摩客戶或的歌唱粉絲來說，我要示範的是我的生活態度，以及我的學習歷程。

我想跟愛護我的朋友分享養生之道，我也確實以身作則：

從三十歲後以後，我真的持之以恆，每天早睡早起，晚上十點鐘上床睡覺，早上早點起床。在飲食方面，我重視營養均衡，配合專家建議，適量攝取魚肉豆蛋奶等，追求平衡的健康生活。

　　我的健康習慣，更包括我長年不菸、不酒、不冰、不糖以及不消夜。雖然偶爾特殊場合，例如參加喜宴，也會偶爾小酌，但從不酗酒。

　　在以上的生活作息養生基礎上，我還固定運動，不管跑步、仰臥起坐、伏地挺身，我很認真維持自己的狀態。

　　然而我雖努力維持健康體態，卻有一個我難以對抗的大敵，那就是「歲月」。

　　再這樣健身，人體還是無法避免老化。以我的情況來說，我其實比起同年齡的人來說，狀況好很多，雖然自己無法達到一百分，但跟別人對比，我健康分數應該有到八十分。

　　基本情況就是，當時我的體重約 75 公斤上下，穿起襯衫，外型看來還算體面，不過我再怎樣健身，也避免不了我還是有小肚腩。只能自我安慰，說人年紀到了都會這樣。

　　我以為歲月是不可逆的，覺得自己盡到最大力，也只

能到這樣的地步。

　　直到我生命中的貴人出現，改變我的認知。


### ◈ 第五樂章：挑戰競技前，先提升自己

　　那年是民國 110 年，因為參加各種學習以及社團的機會，結交了很多人脈，當時認識了安麗健康體系的貴人，我加入了王儷凱老師的寰宇系統，認識了 Ruby 老師。

　　Ruby 老師是對營養學有超過三十年研究的資深專家，當時我跟她聊天，帶點自豪地跟她分享，過往二十年，我不間斷地養生習慣，並且跟她說，在我所有認識的人中，我沒有遇見任何一位，可以做到跟我一樣自律的。

　　Ruby 老師就說那她想看看我的養生成果，於是透過專業機器幫我做健康檢測：當時我的體重 74 公斤，體脂 20.8，自己覺得還不錯。但內臟脂肪高達 12，那就不妙了，正常數值應該是 4~6，我大大超標，那也是我有小腹的主因。

　　這不僅影響外觀，並且 Ruby 嚴肅地跟我說：我這樣的數值，代表有很高的健康風險，亦即我未來人生，有可能因此有很高機率罹患各類慢性病、心血管疾病等等。

　　這件事對我有相當的衝擊，畢竟我都已經養生做到這

樣了，那我還能如何？

一想到我都那麼努力了，結果未來還是屬於慢性病高危險群，內心就很沮喪。

那時 Ruby 老師就問我，願不願意做一個專業的 45 天健康管理，她保證可以帶給我很大的改變。

當年正逢 Covid-19 肆虐，全台三級警戒，反正我也得被關在家裡，無法去按摩或唱歌，好吧！我就來嘗試這45 天健康管理。

總之我是個很講究數據，跟實際結果的人。只要有正式成效我都願意投資。Ruby 說 45 天後可以給我一個全新的身體，那我就來試試看。

我這個人做事，一旦下決心，就會真的去落實。老師說的話我都聽話照做。那 45 天過程，我也配合老師指示，請阿麗每周幫我拍照，用影像記錄我身材狀況。

初始一兩周還看不出甚麼改變，但第三周後，漸漸地我感受到神奇的事發生了。不須我自己感覺，其他看到我的人都說明顯看到我的身型、臉型以及氣色都有很大的變化。我自己那時也變得喜歡洗澡，因為邊洗澡我也可以邊感受到自己體態越來越好，我摸得到自己長出的肌肉。

以結果來說，45 天後，我真的變得煥然一新，甩掉身體多餘脂肪，氣色變好，身心舒暢。那時我體重降到了64 公斤，體脂減掉 7%，最重要的是：內臟體脂肪降到標

準的 6。

我等於是重生了，明明年過五十，但外表卻看起來比四十歲還年輕。還有人說我是小夥子。

包括唱歌時，聲音也變得更乾淨，因為體內循環系統也都像是重新洗滌過一般清潔。

我自己有了那麼大的轉變，後來也讓我的家人，包括自己媽媽和丈母娘，都一起加入這樣的健康管理。


◈ **第六樂章：健康的自己，嘗試挑戰超馬**

原本年輕時候，已經決定這輩子馬拉松不適合我，後來都年過五十了，似乎更不可能去參與長途跑步。

然而有個機緣，身體變年輕的我，又正式去挑戰馬拉松。並且這回我挑戰的是超馬。

那年我在社團認識了超馬協會顧問，對方建議我可以試試跑超馬。他認為以我的健康及體態，絕對可以完成任務。

既然如此，我就勇敢去報名了五十公里超馬。

我沒有要追求甚麼比賽名次，但我要挑戰自己去克服一個過往認為不可能的任務。為了達成任務，我也找了專家指導我，做了運動規劃管理。

我的任務是藉由三個半月的訓練，來迎戰超馬。

　　這三個半月，我照表操課，在教練王慈蓉指導下，逐步增加訓練量。那年是民國 110 年，超馬於十一月進行，我在八月開始訓練。

　　我從一開始每日跑十公里，逐步增加里程數。三個半月後我覺得我準備好了。我立誓要全力以赴，並且我的陪跑教練也誓言要陪我達成任務。

　　然而人算不如天算，當天跑步沒多久，就發生了狀況。


　　超馬場地是在宜蘭冬山河，那兒主辦單位選定了一個來回各五公里的步道，這條道路跑個五趟，就是五十公里。

　　清晨五點半起跑，懷抱著興奮忐忑心情，展開人生第一次超馬里程。第一圈五公里對我來說，小菜一碟，我邊跑還邊跟陪跑教練談笑風生。卻不知道，危機正在眼前。

　　原來在跑道上，為了擋住一般車輛進入，設立行人可以過但車子無法過的簡單路障，那是一個個突起的橫槓柱子，陪跑員當時有看到，但誤判情勢，以為兩個人通過柱間應該沒問題。結果，看不到路的我，根本不知道前方有障礙物，當下整個人用全速往前撞去，碰一聲，大腿硬生生被猛力撞擊，當下我痛到立刻坐在地上。附近經過的跑

者及路人也紛紛過來關心，幫我擦藥膏按摩。

完了，沒想到準備了三個半月，結果跑九公里就得放棄。這是我當下立刻浮起的一個心聲。

但同時間我立刻想到一件事，我這樣受傷，最難過的人肯定是我的陪跑教練，她原本想陪我圓夢，結果現在我被迫放棄。她一定感到非常自責，說得嚴重些，這件事搞不好帶給她終身遺憾。

我覺得這位陪跑教練人很好，我不想因為自己的狀況讓她終身內疚。於是我告訴自己，沒有到傷筋碎骨，我還是不要那麼快放棄吧！

我於是站起來安慰陪跑員，沒關係的，我還是可以跑。

這樣吧！我們就慢慢跑，能跑多遠就跑多遠吧！

於是我們繼續展開超馬賽程。

◇ **第七樂章：挑戰自己、超越自己**

腿受傷了，說真的跑起步來很痛，但我覺得還在我可以忍受的範圍。並且跑著跑著，其實也就適應了，甚至跑

到二十公里的時候，覺得疼痛感降低。我想，應該是當時的疲勞感已經蓋過疼痛感。

在二十公里時候，我經歷了第一次撞牆期，那時腳很酸，但精神還好。於是陪跑教練提醒我的身體姿勢，保持垂直狀態，並將心情放鬆。我就跟著教練的指引，慢慢放鬆自己身體，繼續慢慢往前進。

終於經過漫長的路程，來到了四十公里，這時進入第二次的撞牆期。此時我不只是腳痠，我覺得自己已經累到，意識開始沒法集中。

強烈的痛苦感，讓我告訴自己：夠了夠了，我想休息，我放棄了。

就在那個我已經準備放棄，整個人癱倒在地上的時候。陪跑員給我一個重要鼓勵，那也是在我人生第一次超級馬拉松中，我所學習到一句重要話語。

陪跑教練跟我說：

信宏，我們已經跑四十公里了，你撐著點。再跑兩公里，就是四十二公里。

還記嗎？你年輕時不是曾挑戰過全馬成功嗎？也就是說，過了四十二公里後，你每跑一步，就可以超越自己一步。

當下她的話真的太激勵我了，我瞬間整個人湧起澎湃

洶湧的大志。

**對啊！我能不能完成五十公里賽程，那是一件事。但是我再怎麼累，我也要超越我自己。**

那一刻我咬著牙，撐起疲憊身體，帶著混沌的腦袋，緩慢但確實地一步步前進。半拖著腳步往前，當我跨過四十二公里的里程，內心無比的激動：

**我終於超越我自己了。**

而人是很奇妙的，當你開始超越自己，你會許下更大的願景。

當你超越一步時，你會想：我可不可以超越兩步呢？如果可以超越兩步，那是不是也可以超越十步呢？

就這樣，我邊跑邊自我激勵。從多跑一公里，到多跑兩公里，再繼續跑下去，我跑完剩下的十公里。

花了七個小時，我回到了終點，完成人生第一次超級馬拉松。

其實關於我的故事還有很多很多：曾經我是個覺得自己沒有明天的人，曾經我為了一個女孩，可以自暴自棄到喝酒頹廢。

如今我所有的締造的一切，都是當年的我想像不

到的。

重點是：我還在持續開拓中。

人的極限在哪裡？不試你不知道，所有的框架都是你自己給自己架設的。

各位讀者如今已經知道，林信宏，他既是相信經典樂團團長，也是台北市的街頭藝人；是指名度最高的按摩師，也是在各種活動場合中很活絡的聯繫人。

他是台灣第一支盲人棒球隊隊長，第一支視障舞蹈團團長，他曾是田徑場上的紀錄締造者，他也是投資理財有兩把刷子的人。

他是培訓講師，他也是活動主持人，其實他還有很多很多身分，例如他也從事健康美容的傳銷事業，引領績效很高的團隊，他更是長年做公益不輟的愛心人，愛心永不落人後。更是首位盲人社長。


親愛的讀者們，感恩您與我分享這一路從光明到黑暗，再從黑暗迎向光明的歷程。本書的安排，既結合光明與黑暗的寓意，並且也搭配著相信經典樂團的專輯，每章章名，對映著一首專輯的歌曲名稱。

這是我的人生寫照，也衷心希望我的奮鬥歷程，能夠帶給每位讀者一定的學習與啟發。更期待在我未來用歌聲傳愛的影響力旅程中，希望大家能與我同行，一起用愛點

亮黑暗中的光！

如果像我這樣一個盲人，都可以讓自己看見夢想。

相信大家條件狀況都比我好，一定也能達成自己的夢想。

相信經典，相信自己，相信你值得擁有更光明的未來。

期待未來聽到每位讀者的好消息，得到您更多的回饋。

感恩，追夢的路上，你我攜手前進。

# 看不見世界，看見夢想
## 首位盲人社長用歌聲傳愛的影響力旅程


作　者／林信宏
出版統籌／時兆創新（股）公司
出版企畫／時傳媒文化事業體
出版策畫／林玟妗
出版經紀／詹鈞宇
美術編輯／達觀製書坊
責任編輯／ twohorses
企畫選書人／賈俊國

總 編 輯／賈俊國
副總編輯／蘇士尹
編　　輯／高懿萩
行銷企畫／張莉滎　蕭羽猜　黃欣

發 行 人／何飛鵬
法律顧問／元禾法律事務所王子文律師
出　　版／布克文化出版事業部
台北市中山區民生東路二段 141 號 8 樓
電話：(02)2500-7008 傳真：(02)2502-7676
Email：sbooker.service@cite.com.tw
發　　行／英屬蓋曼群島商家庭傳媒股份有限公司城邦分公司
台北市中山區民生東路二段 141 號 2 樓
書虫客服服務專線：(02)2500-7718；2500-7719
24 小時傳真專線：(02)2500-1990；2500-1991
劃撥帳號：19863813；戶名：書虫股份有限公司
讀者服務信箱：service@readingclub.com.tw
香港發行所／城邦（香港）出版集團有限公司
香港灣仔駱克道 193 號東超商業中心 1 樓
電話：+852-2508-6231　　傳真：+852-2578-9337
Email：hkcite@biznetvigator.com
馬新發行所／城邦（馬新）出版集團 Cité (M) Sdn. Bhd.
41, Jalan Radin Anum, Bandar Baru Sri Petaling,
57000 Kuala Lumpur, Malaysia
電話：+603- 9057-8822　　傳真：+603- 9057-6622
Email：cite@cite.com.my
印　　刷／韋懋實業有限公司
初　　版／ 2023 年 5 月　　初　　版 4 刷／ 2023 年 6 月
定　　價／ 500 元
ＩＳＢＮ／ 978-626-7256-83-1
ＥＩＳＢＮ／ 9786267256862 ( EPUB )




城邦讀書花園 www.cite.com.tw　布克文化 WWW.SBOOKER.COM.TW